內戰在東北

熊式輝、陳誠與東北行轅
（二）

The Civil War in Manchuria

Hsiung Shih-hui, Chen Cheng, and the Northeast Field Headquarter

- Section II -

導讀

陳佑慎

國家軍事博物館籌備處史政員

國防大學通識教育中心兼任教師

（一）

　　本套書取材自「國民政府東北行轅民國卅六年度工作報告書」、「東北行轅政務委員會委員會議議事錄」及相關檔案史料。

　　所謂東北行轅，全稱是國民政府主席東北行轅，行轅主任先後為熊式輝、陳誠，乃國民政府在中國東北地區的軍事、政治總樞。因此，本套書內容除含括國共戰爭的作戰、情報、後勤事項，以及軍事運營方面的經理、人事、編制、監察、兵役、教育、總務、軍法、衛生、政工、砲兵、工兵、通信等管理，也包含了更廣泛的民政、財政等歷史細節。這些內容，對熊式輝、陳誠個人的政治軍事生涯，東北地區的局勢變動，以及全中國的國運，關係十分重大。

　　且說從頭。東北地區之於中國，具有特殊的政治、軍事、經濟戰略地位。陳誠曾經指出，「日本侵華，是由東北開始的。起初日人的希望，以能奪取東北為已足。假使當時我們認為東北可以不要，則八年抗戰也許不致發生」，而「經過八年浴血抗戰之後，如果勝利的果實，不包括光復東北在內，則千萬軍民的死傷，難

以數計的財產損失，都將成為無謂的犧牲」。[1] 這種看
法，國民黨人曾經相當流行。[2]

抗日戰爭結束，「滿洲國」瓦解，日本終於失去對
中國東北地區的支配。為了處理東北各省的收復事宜，
國民政府於 1945 年 8 月 31 日議決通過「收復東北各省
處理辦法綱要」，隨後特設軍事委員會委員長東北行營，
初駐長春，後移瀋陽，行營主任為熊式輝。這個東北行
營，就是本書主角──東北行轅的直接前身。東北行營
運作到 1946 年 6 月，因為國民政府軍事委員會結束、行
政院國防部成立，於是，連同其它各地的軍事委員會委
員長行營，名義已無法繼續存在。[3] 同年 9 月，東北行營
正式改稱東北行轅，而人事、組織、職權基本照舊。

然而，國民政府必欲收復之東北，新一階段的情
勢極其複雜，使得接收工作困難重重，險象環生。[4] 先
是，抗日戰爭結束前夕，1945 年 8 月 9 日，蘇聯發動
日本的大規模攻勢，很快佔領了整個中國東北地區，以

---

1 陳誠著，吳淑鳳編輯，《陳誠先生回憶錄：國共戰爭》（臺北：
   國史館，2005），頁 112-113。

2 1947 年 7 月 7 日，蔣介石發表「抗戰建國十週年紀念告全國軍民
   同胞書」，即直指「我們對日抗戰的目的，原在於捍衛國土，收
   復東北，保持主權和領土的完整。東北的主權和領土行政一天沒
   有恢復，便是抗戰的目的沒有達到」。見秦孝儀主編，《先總統
   蔣公思想言論總集》（臺北：中國國民黨中央委員會黨史委員會，
   1984），第 32 卷，頁 171。

3 軍事委員會委員長行營、國民政府主席行轅改組與國防部成立之
   關連，參見陳佑慎，《國防部：籌建與早期運作（1946-1950）》（臺
   北：民國歷史文化學社，2019），頁 160-167。

4 對於戰後東北接收引伸的外交、政治、軍事問題，學界甚為關注，較
   有系統且全面的研究，例見高純淑，〈戰後中國政府接收東北之經緯〉
   （臺北：中國文化大學歷史學系博士論文，1993）；程嘉文，〈國共內
   戰中的東北戰場〉（臺北：國立臺灣大學歷史學系碩士論文，1996）。

及朝鮮半島北部、庫頁島南部、南千島群島等地。繼之，中共趁蘇聯軍事佔領東北的既成事實，憑藉蘇軍支持或默許，利用日軍遺留武器與東北人力物力，勢力日益坐大。國民政府則依據《中蘇友好同盟條約》，與蘇俄一再交涉，期望蘇軍早日撤出東北，減少對中共的支持，並促成國軍順利接收東北，但最後並未獲致良好結果。當時，國民政府為了對蘇談判，特派蔣經國為外交部東北特派員，復指定東北行營副參謀長董彥平兼任駐蘇聯軍事代表團團長，派駐蘇軍總司令部，以資聯繫。董彥平及其駐蘇軍事代表團留下的交涉報告、紀錄文件，日前已由民國歷史文化學社編輯出版為《內戰在東北：駐蘇軍事代表團》（共二冊），有興趣的讀者可以參閱，對照本書的相關內容。

中蘇之間幾經周折，延至 1946 年 3 至 5 月間，蘇軍不待國軍接防，全部撤回蘇境。蘇軍在各地遺留的真空，由中共力量迅速填補。國民政府則調派精銳國軍部隊，以錦州、瀋陽為基地，分向南滿、北滿地區進攻。5 月，國軍曾經重挫共軍，收復四平、長春等地，聲勢一度大振。然而，國軍並未徹底擊破中共主力，也未進一步向松花江以北推進。更嚴重的是，國軍之勝利，所得收穫只是佔領城市、鐵路線，而兵員、糧彈補充困難，外乏增援之師，戰力逐漸耗損。反之，共軍依然盤據廣大的農村地區，以農村地區的人力、物力補充戰損，再生力強大。可以說，國軍困守點線，共軍控制面積；國軍居消費之地，共軍據生產之區。國民政府所謂接收東北，除去孤立據點、幾條脆弱的交通線外，恐怕別無他物。

　　到了 1947 年間，東北國軍依托「點」「線」，共
軍控制「面」，兩軍形成拉鋸戰，惟國軍消、共軍長的
整體情勢已日漸鑄成。於是，國民政府中樞、東北當局
主事者，被迫放棄了收復東北完整主權的信心，轉採取
以瀋陽、長春、四平、永吉、錦州、葫蘆島等城市作國
民政府在東北的主權象徵、戰略據點，然後苦撐待變，
再尋求機會使用機動兵力打擊共軍主力。6 月，熊式輝
在東北行轅週會上曾表示，「東北形勢，已由接收廣大
地區，轉變到集中兵力，消滅匪軍」。[5]

　　1947 年 9 月以後，陳誠接替熊式輝之位，推動一
定程度的新政，但在作戰方面其實沒有改變前揭戰略
原則。在「國民政府東北行轅民國卅六年度工作報告
書」前言遂有謂：「我軍事難於開展，使我政令無法推
行」，「但我為收復主權，屏蔽內地，忍苦支撐，竭力
挽轉，移輕就重，捨小護大，凡有裨於戡亂軍事之處，
莫不悉力以為」。

（二）

　　以上所述，是為抗日戰爭結束，東北行營、行轅先
後成立期間，國民政府在東北地區所面臨的惡劣局勢。
下面則要談談，國民政府在東北陣前換將，以陳誠替換
熊式輝擔任行轅主任的經緯。

　　無可諱言地，東北行營／行轅作為國民政府在東北
地區的政治、軍事總樞，身處複雜情勢，所作所為卻未

5　熊式輝著，洪朝輝編校，《海桑集：熊式輝回憶錄，1907-1949》（香
　　港：明鏡出版社，2008），頁 583。

孚人心所望。首先談軍事方面,如黨政軍機構對於接收工作的通盤規劃不足,相當數量接收人員貪贓枉法,彼此爭奪,生活紙醉金迷,「甚至對東北人還有點對殖民地的味道」,[6] 馴至接收有「劫收」之名。又如黨政軍機構林立,組織龐雜,人浮於事。抑有進者,許多機構因為廣大地區先後為蘇軍、共軍所佔,根本無法前往轄區,遂麇集於瀋陽,徒增財政負擔,卻對行政效率、民心均有不良影響。

其次談軍事方面,此亦為最影響民心士氣,對國民政府統治產生最直接致命衝擊的部分。首先,許多東北地方人士指責,「中央在東北最大的致命傷,莫過於不能收容偽滿軍隊,迫使他們各奔前程,中共因此坐大。林彪就是利用東北的物力、民力,配上蘇軍俘來的日軍和偽軍武器組成第四野戰軍,一直從東北打到廣東和海南島」。[7] 這種說法有無道理,一言難盡,但確實在接下來的日子爭論了數十年。另外,國軍在接收東北初期,「急於求功與輕視共軍,祇謀地區之擴展,忽略集中殲滅共軍兵力」[8] 等現象,也頗引人們詬病。其後東北軍事當局見兵力不足、防廣兵單,乃轉採保守戰略,試圖培養本身戰力,再謀打擊共軍主力。不幸,國軍的新戰略,從未有兌現的一天。

6 沈雲龍、林泉、林忠勝訪問,《齊世英先生訪問紀錄》(臺北:中央研究院近代史研究所,1990),頁 269。

7 沈雲龍、林泉、林忠勝訪問,《齊世英先生訪問紀錄》,頁 270。

8 陳誠著,何智霖編輯,《陳誠先生回憶錄:六十自述》(臺北:國史館,2012),頁 106。

　　熊式輝是東北行營／行轅主任，身為東北地區的政治軍事總負責人，對於政治、軍事等各方面的困境，當然是難辭其咎的。不過，當中的許多問題，確實並非熊氏單個人的決策。以最受外界攻擊的偽滿軍隊收容問題為例，抗戰結束後原「滿州國」軍隊連同東北其它所謂游雜武裝，或遭解散命運，或以地方保安部隊名義暫得棲身。這些地方保安部隊，究竟應擴充抑或繼續裁減，政府當局內部迭次爭論。熊式輝主張的是擴充，認為地方保安部隊可輔助國軍正規部隊作戰。主導全國「整軍」工作的參謀總長陳誠，則輕視地方保安部隊的實力，堅主裁減，而且意見佔了上風。[9]

　　除此之外，熊式輝雖為東北政治、軍事最高負責人，所謂「軍事委員會委員長行營主任」一類頭銜更有高級作戰區指揮官的意味。[10] 實則，熊式輝之下復有東北保安司令部之設，保安司令杜聿明為真正指揮作戰者，而熊、杜兩人關係不睦。1946 年 2 月，杜聿明一度因病離職修養。即使如此，熊式輝仍舊抱怨「余為行營主任，名則軍事最高長官，而於軍事有責無權」，「杜為真正司令長官，名雖病假期中，實際卻仍在指揮軍事」。[11] 東北內部政治、軍事領導之協調不佳，於此確可見一斑。

　　1947 年 5 月 30 日，蔣介石在日記寫道：「瀋陽內

9　熊式輝著，洪朝輝編校，《海桑集：熊式輝回憶錄，1907-1949》，頁 565、606。

10　國防部第三廳編，《作戰區之組織與職掌》（南京：國防部第三廳，1947），頁 11-13。

11　熊式輝著，洪朝輝編校，《海桑集：熊式輝回憶錄，1907-1949》，頁 526。

部複雜，工作腐敗，天翼（熊式輝）威信絕無，光亭（杜聿明）臥病在床，軍機大事推諉延宕」。[12] 這段話，似非過份之論。很快地，蔣介石下定了更換東北人事的決心。

蔣介石為調整對共作戰佈局，洽詢桂系領袖、北平行轅主任李宗仁轉任東北的意願，李不願。蔣續請桂系要人國防部長白崇禧赴東北，白亦不肯接受。[13] 李宗仁後來回憶，曾說「倖免於介入東北」。[14] 至於白崇禧推辭東北委任之後，蔣介石改催促其主持華中軍事。白崇禧初仍拒絕，後終於在 1947 年 11 月同意到九江成立並主持國防部九江指揮所（後改設武漢），指揮華中地區國軍（相當數量為桂系部隊）圍剿大別山地區的共軍。[15] 此為內戰中後期白崇禧執掌華中兵權的直接緣由。

在桂系李宗仁、白崇禧相繼拒絕執掌東北兵符之後，作為蔣介石股肱重臣的參謀總長陳誠，乃遵蔣氏之命赴瀋陽，於 1947 年 9 月 1 日起兼東北行轅主任。其參謀總長職權，由參謀次長林蔚代行。至於東北行轅原主任熊式輝，雖可就此擺脫燙手山芋，但究屬難堪下

12 《蔣介石日記》，未刊本，1947 年 5 月 30 日。
13 陳誠著，吳淑鳳編輯，《陳誠先生回憶錄：國共戰爭》，頁 115。
14 李宗仁口述，唐德剛撰寫，《李宗仁回憶錄》（臺北：遠流出版社，2010），頁 781。
15 陳存恭訪問紀錄，《徐啟明先生訪問紀錄》（臺北：中央研究院近代史研究所，1983），頁 129-130；熊式輝著，洪朝輝編校，《海桑集：熊式輝回憶錄，1907-1949》，頁 648；覃戈鳴，〈白崇禧圍攻大別山戰役概述〉，全國政協文史資料委員會編，《文史資料存稿選編》，第 10 冊：全面內戰（中）（北京：中國文史出版社，2002），頁 565-567。

台，本人尤感「恥於知難而退」。[16] 以後，熊式輝未再擔任政治、軍事要職。

　　陳誠既已臨危接掌東北行轅主任，隨即陸續推動各項措施，而這些措施基本上可以用「先事整飭內部，戰略暫取守勢」[17] 一句話概括。所謂戰略暫取守勢，為繼續守備永吉、長春、四平、瀋陽、錦州、葫蘆島等處，以有力部隊機動控置於鐵嶺、錦州，準備排除北寧路之障礙，打通瀋長路交通，然後相機進行城堡戰與野戰，謀求各個擊破共軍。[18]

　　至於所謂整飭內部，實為陳誠相對於熊式輝真正大幅度推動的新政，而大致上又可分為政務、軍務兩類。在政務上，為整併機構（如合併行轅政治與經濟兩委員會為政務委員會，敵偽事業統一接收委員會、生產管理局、房地產管理局為東北區敵偽資產處理局），緊縮尚未接收之各省市政府並令離開瀋陽，嚴懲不法人員，安裕民生，調節物資，穩定物價等。在軍務上，為調整國軍指揮系統，整編國軍部隊，大量裁併地方保安部隊等。

　　然而，陳誠在東北雷厲推行的新政，雖義正辭嚴，仍引起許多政軍人士的敵意。當中的整編國軍部隊、裁併地方保安部隊等項，常被懷疑獨厚特定軍系，消滅特定軍系，最易激成不滿空氣。1948 年 2 月，已卸任

---

16 熊式輝著，洪朝輝編校，《海桑集：熊式輝回憶錄，1907-1949》，
　　頁 613-617。

17 陳誠著，何智霖編輯，《陳誠先生回憶錄：六十自述》，頁 104。

18 陳誠著，何智霖編輯，《陳誠先生回憶錄：六十自述》，頁 105-107。

賦閒的熊式輝，當面向蔣介石直指「軍心對陳誠俱感不安」，陳誠「等於在暴風雨之下，還如此從容去拆屋架屋」。[19] 應當指出，抱持類似觀點者，並不在少數。尤其陳誠在抵東北視事以前，歷任軍政部長、國防部參謀總長等職，早被視為全國範圍內整軍政策的操盤手，備受反對整軍政策者的指責。[20]

隨著東北國軍的處境日益困難，陳誠面對「在暴風雨之下，還如此從容去拆屋架屋」一類質疑，逐漸難以招架。自 1947 年 9 月起，至 1948 年 1 月間，共軍多次發動對瀋陽、錦州、錦西、營口、撫順、營盤、白旗堡、永吉、公主屯等地的攻勢。期間，國軍雖尚能確保錦州、瀋陽、長春等主要據點，但損兵折將，又乏補充，距離實現「各個擊破共軍」的可能性一天比一天更為遙遠，局勢較之熊式輝主持時期顯然還要惡劣。

（三）

陳誠主持東北政治、軍事期間，焚膏繼晷，且苦於胃疾，頗有大廈將傾，獨木難扶之慨，聲望也大受影響。1948 年 2 月，陳誠終於離開瀋陽，經南京轉赴上海，治療胃疾。[21] 但難以否認，其離任時的難堪程度，較熊式輝有過之而無不及。至於東北作戰之指揮，蔣介石另派衛立煌以東北行轅副主任兼東北剿匪總司令名義

---

19 熊式輝著，洪朝輝編校，《海桑集：熊式輝回憶錄，1907-1949》，頁 660。

20 見《申報》，1948 年 4 月 13、14 日、10 月 8 日，版 1；國防部編，《國民大會代表軍事檢討詢問案之答覆》，頁 3-108。

21 于衡，〈陳誠、熊式輝走馬換將〉，《傳記文學》，第 20 卷第 3 期（1972），頁 64。

主持。

1948 年 3 月 29 日，第一屆國民大會於南京召開，各方面對陳誠的攻擊，達到了高潮。這次會議召開期間，陳誠在滬養病，並未參加，缺席了國民大會代表群體對他的嚴厲審判。4 月 12 日，在國防部長白崇禧於大會報告軍事問題後，國民大會代表群起發言，要求政府當局嚴懲陳誠的軍事責任，甚至有言「殺陳誠以謝國人」者。[22] 5 月 12 日，蔣介石批准陳誠辭去參謀總長、東北行轅等本兼各職。

蔣介石、陳誠有見國民大會對於東北問題的嚴厲責難，當時歸咎於桂系領袖李宗仁為競選副總統，故意操縱會場空氣，暗示挑撥所致。[23] 因之，蔣介石在陳誠交卸參謀總長、東北行轅主任職位的同時，隨即逼迫桂系要角白崇禧辭去國防部長，僅允白崇禧保留原國防部九江指揮所麾下華中部隊的兵權。白崇禧抗議未果，最終仍於 1948 年 6 月底正式就任華中剿匪總司令，總司令部即是由原九江指揮所改組而成。

近於同時，5 月 19 日，行憲政府成立前夕，政府當局亦有鑑於國民政府主席名義將不復存在（國家元首改為總統），明令取消國民政府主席行轅制度，東北、北平行轅著即歸併於東北與華北剿匪總司令部。[24] 於

22 參見《申報》，1948 年 4 月 13、14 日版 1 各篇報導；《蔣介石日記》，未刊本，1948 年 4 月 13 日。

23 《蔣介石日記》，未刊本，1948 年 2 月 9 日，4 月 2、3、4、13 日；陳誠著，何智霖編輯，《陳誠先生回憶錄：六十自述》，頁 109。

24 〈國民政府令〉（1948 年 5 月 19 日，補登），《總統府公報》，第 2 號（1948 年 5 月 21 日），頁 1；「蔣介石致傅作義電」（1948 年 5 月 12 日）、

是，東北剿匪總司令衛立煌正式成為接替陳誠的東北政
治、軍事總負責人。而東北、華北、華中剿總，再加上
徐州剿總，成為國軍在新一階段的主要高級作戰區指揮
機構。再幾個月不到，這幾個作戰區指揮機構，就要面
對國共戰爭的戰略決戰，錦瀋、平津、徐蚌會戰。至於
國軍在前述幾場戰略決戰的災難性終局，本文就不必贅
述了。

回頭再談陳誠與東北。陳誠在東北遭逢挫折，步上
熊式輝後塵黯然離任。對此議論紛紛者，自然不侷限
於他和蔣介石所怪罪的桂系人士。1948 年底，陳誠經
過數月的療養、沉潛生活，方才傳出層峰起用出任臺灣
省政府主席的消息。屬於黃埔系重要人物，時任西安綏
靖公署主任的胡宗南聞訊之後，尚向蔣介石表示，對於
陳誠的新動向，「外間多覺煩悶」，理由是「辭公（陳
誠）近年來所作為對國家影響太大」。[25]

總而言之，陳誠主持東北行轅的經歷，是他個人戎
馬生涯中極黯然的一頁。儘管，陳誠沒有因此洩氣，也
沒有失去蔣介石的倚重，稍後仍陸續藉臺灣省主席、東
南軍政長官、行政院長、副總統等新職，東山再起，並
發揮對國家的正面影響力。

更確切地說，熊式輝、陳誠主持東北政治軍事的過
程，不僅僅是他們個人的黯然經歷，實是整個中華民國

「蔣介石致衛立煌電」（1948 年 5 月 29 日），《蔣中正總統文物》，
國史館藏，典藏號：002-020400-00017-108、002-020400-00016-091。

25 胡宗南著，蔡盛琦、陳世局編輯校訂，《胡宗南先生日記》，下冊，
1948 年 12 月 30 日條，頁 89。

政府的悲劇。陳誠交棒東北政軍全權未及一年，1948
年 11 月，共軍徹底贏得東北的全勝。數十萬東北共軍
挾新勝餘威，很快蜂湧開入關內，使關內各戰場的國共
兵力急遽失衡，直接影響了整個國共戰爭的最終結果。
歷史沒有如果，但許多專業史家仍然不禁想問，假使當
年國民政府中樞、東北當局的抉擇有那麼一點不一樣，
會不會改變東北國共戰局，改變整個國共戰爭的結果，
從而牽動冷戰時代的全世界走向？[26] 當然，這個問題永
遠不會有肯定答案。

我們真正有機會找到肯定答案的問題，是探索陳
誠、熊式輝、衛立煌等個人，連同其廣大僚屬、機構的
作為，究竟在這個風雲變動的歷史巨流中扮演什麼角
色？受到什麼時代影響？帶來什麼時代影響？本書的出
版，提供了回答各種相關問題的有力線索。

本套書的內容，綜合觀之，聚焦於 1948 年衛立煌
出任東北剿匪總司令、國共醞釀錦瀋會戰以前，1947
年內熊式輝、陳誠主持東北行轅轄下的軍政、軍令、軍
隊政工，以及民政、財政事項。某種意義上，可讓吾人
一窺東北國軍在戰略決戰前夕的各種身影。讀者若能參
照其他相關史料，定能更深入地了解東北問題的複雜面
向，尋索當時東北何以發生翻天覆地的變局。

---

26 Arthur Waldron, "China Without Tears: If Chiang Kai-Shek Hadn't
Gambled in 1946", in Robert Cowley ed., *What If?: The World's Foremost
Historians Imagine What Might Have Been* (Berkley: Robert Cowley, 1990),
pp. 377-392. 中譯收於王鼎鈞譯，《What If?：史上 20 起重要事件
的另一種可能》（臺北：麥田出版，2011）。

編輯凡例

一、本書編輯自東北行轅所提交之「國民政府東北行
轅民國卅六年度工作報告書」。

二、本書史料內容,為保留原樣,維持原「偽」、
「匪」等用語。

三、為便利閱讀,部分罕用字、簡字、通同字,在不
影響文意下,改以現行字標示;部分表格過大,
重新改製,並將中文數字改以阿拉伯數字呈現;
以上恕不一一標注。

四、部分表格數字加總有誤,為依照原文呈現,不予
修正。

五、原件無法辨識文字,以■表示。

六、部分附件原件即缺漏。

目錄

第三、主管業務

其七　軍法

一、工作概況

1. 沿革

　　本處於三十五年度設第一、第二兩科及看守所。第一科掌審理，第二科掌審核，檢察業務係在處長下設置督察官二員辦理之。自三十六年度一月一日改編後，第一科掌審判，第二科掌檢察，審核業務則歸第一科辦理，看守所仍照舊設置。

2. 組織

　　依照奉頒編制，本處設處長一員（簡二）、副處長一員（簡三）、科長二員、主任軍法官檢察官各一員（均簡三）、軍法官四員（薦一二員、薦二二員）、檢察官二員（薦一一員、薦二一員）、警記官六員（薦二二員、委一三員、委二一員）、事務員一員（委一）、司書（委三）、看守所長一員（薦二）、所員二員（委一一員、委二一員），合計共設官佐二十四員。

3. 職掌

　　本處第一科以辦理軍法案件之審判暨所屬各軍法機構判決案件之代核為其主要業務，第二科承辦犯罪嫌疑人之偵查、移付審判、通緝、監獄、看守所之督導及其他有關檢察等業務。本年九月一日東北保安司令長官部歸併本行轅，原由該部軍法處承辦之軍法案件統由本處

接辦，業務因以驟增，深感人員不敷分配，為清理接辦
案件，經先後簽准調用本行轅軍官隊隊員十二員。截至
本年度終所有承辦案件除新收者隨到隨辦，及正在查緝
人犯或委託外地其他機關協助調查證據一時無法辦結者
外，其餘大部概已清理完竣。惟行轅轄區遼闊，長官部
復已裁撤，本處為東北最高軍法幕僚機構，掌理業務在
數量上已實日見增加，今後自當提高行政效率，務使工
作成果能達到妥當迅速確實之境地。

其八　衛生

一、衛生業務

1.作戰衛勤之部署

　　根據作命之指示擬定衛生機構之部署原則，飭六補給區調配之。

2.傷運救護機構之配屬及其一般作業情形

（一）野戰區傷運之程序

　　前線團衛生隊與裹傷所密取連繫，敏捷運用衛生汽車或擔架送至軍師野戰醫院，由軍師野戰醫院再送至公路或鐵路地帶交衛生汽車或衛生列車接運轉送至兵站醫院，在鐵路、公路受阻時或山岳地區以衛生大隊代替之。

（二）兵站區傷運機構之配屬

　　視察地區域之大小兵力配備之情形，由作戰最高機揮機關擬定兵站衛生單位之配備（站區醫院、衛生大隊、衛生汽車列車等）及後轉路線，令飭六補區調配實施，各兵團對兵站區之傷運機構負有監督指導掩護之責。

（三）各兵團配屬醫院之意義及其權責

　　東北現劃分四個兵團，為傷患收容作業便利計，每兵團暫配一站院，受兵團司令部之指導監督，收容各軍師及野戰區各衛生單位之傷患，各兵站對所轄區域傷患之收容、救護、轉送以及戰地傷患搜尋並陣亡官兵屍體之掩埋等，應負監督之責，不得有遺棄傷患、暴露屍體等情事。

3. 協助傷運臨時機構

（一）帶動地方組織義勇擔架隊協助傷運，並選擇適當地點設置茶水站。

（二）飭各軍師組設傷患檢查站，輕傷不准後送，以免影響戰鬥力量，擁擠後站院，徒佔床位而礙收容。

4. 傷患管理情形

（一）准國防部卅六雨醫傷字第○六六○七號未銑代電規定，各級醫院已愈傷患出院緊急處理辦法，經本轅與六補區組織已愈傷患出院處理委員會，於九月二十三日成立至十一月二十六日止，計出院官佐七四員、士兵一、○六六名，該會現仍繼續辦理中。

（二）對住院傷患之管理，除加強傷患教育及傷患小組討論會提倡各項正當娛樂外，本轅並令飭六補區防守司令部對不法傷患嚴加管理取締。

（三）令六補區組織流散傷患收容站與防守司令部聯繫工作。

（四）獎勵健愈踴躍出院官兵。

（五）飭各院訓導員以傷患管理健愈歸隊為中心工作。

5. 緊急時傷患收容之處所

（一）通令各地高級指揮官，於遇戰事緊急時得徵借當地之公私立醫院作臨時傷患收容之用，並由各該院原有醫師擔任治療，其所需之衛材、傷患主副食等則由兵站負責統籌補給。

（二）調查東北收復區各省（市）醫師、藥師、護

士、獸醫等，以備緊急時之徵用。

6. 各級醫院舍之修理

　　東北區各級醫院房舍三分之二為敵偽時期醫院院址，多經共匪破壞，於九月下旬經批准伍億元交六補區視情形統籌分配作修理各級醫院房舍之用。

二、保健

1. 防疫

　　東北為各種傳染病多發之地區，以近年來之統計各種法定傳染病前後皆有發現之病例，尤以前年之鼠疫、去年之霍亂較為猖獗，九月中旬據報扶餘一帶已發生鼠疫，除電請軍醫署派防疫機構來瀋指導預防外，已令各部隊自行編組防疫機構，並配發防疫器材，加強防疫工作，並規定辦法通令舉行滅蠅滅虱滅鼠運動，飭將實施情形具報，至本年度天花、霍亂與鼠疫預防注射（均二次）已全部實施完畢。

2. 保健

　　東北氣候嚴寒乾燥時受蒙古季節風之侵襲，地方病有大骨節病、甲狀腺腫、克山病及鼠疫等，因是對於官兵之健康曾飭辦理如左事項：

（一）令各部隊每季實施健康檢查一次。

（二）即發防寒小冊飭向官兵講解，嚴加預防。

（三）現在各院伙食副食如肉類菜蔬等俱已改發實物，傷患營養不致因物價波動而受影響。

（四）防止肺結核，除飭各部隊注意新兵檢查外，復令注意營養並指定錦西五五後方醫院專事收療。

3. 衛生人事及教育

（一）東北現在各部隊衛生人員缺額約數一百餘員，
　　　亟待補充，已電請聯勤總部將國防醫學院畢業
　　　生儘先派東北服務。

（二）飭各部隊組織巡迴教育隊，由衛生人員分赴各
　　　地演講，以資灌輸士兵衛生常識並頒發衛生常
　　　識小冊。

三、衛材

1. 一年來衛材補給實況

　　本年度各部隊衛材補給在聯勤部預算奉核減甚鉅，
少數品種國內不能供應，須向國外採購，且值外匯申請
困難，購補益感不易情形之下，補給機關僅能就庫存配
補，所發之藥械當不適合部隊實際所需，幸賴各級醫務
人員皆能共體時艱，確切將衛材用於傷患，使一年內之
補給業務促進其圓滿渡過。

（一）各軍師衛材補給區係按照聯勤總部所撥之數，
　　　均能逐目就庫存配發，惟以少數品種不敷或各
　　　項衛材不能及時撥到前，本轅隨時協助電請聯
　　　勤總部撥運。

（二）未正式奉准受補之各督訓處、各暫編師及各騎旅
　　　支隊所需藥械，除飭補區盡量就庫存或利用接收
　　　前長官部撥交之衛材項下配補外，不敷之數本
　　　轅隨時追請撥補。

（三）本轅奉准於六月下旬在平價購之藥械已全部交
　　　由六補區核補各單位。

2. 補給系統

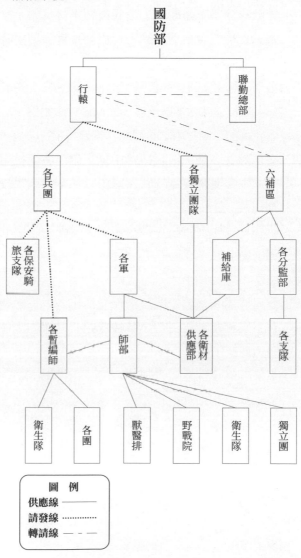

3. 一般衛材之請領

（一）本轅檢診所所需衛材，除逐按照衛材請領手續
逕請六補區發給外，餘均利用前長官部結束時
移交之藥械。

（二）各部隊所需衛材曾飭按月填具衛材收發單，由統
領各單位逕請六補區核發，飭向衛材庫領用。

（三）各新編部隊衛材由本轅轉飭六補區核補。

（四）各部隊在戰役中衛材補給中斷，確已將衛材用
盡，本轅隨時據實轉飭六補區洽機空運或空投
運補。

（五）在補給區庫存用盡待撥之衛材，本轅隨時協助
電請聯勤總部撥運。

4. 報銷業務

（一）逐月將本轅檢診所門診消耗及發出各單位之藥
械造具衛材消耗月報，及按季造具季報表，逕
送六補區核轉。

（二）各部隊藥械消耗經轉飭按時逕報六補區核轉。

（三）各部隊戰役損耗衛材已飭向當地最高軍事指揮
長官申請補具損失證明文件，隨同損失統計表
逕報六補區核銷。

四、視導

1. 視察情形

　　視導工作原為行政三聯制重要之一，改善與推進業
務均有賴視導之認真執行，本處編制僅上校視察成璞完
一員，專負野戰區、補給區有關軍醫、獸醫業務之視導

計劃及控案之處理，因人員過少實有內外難于兼顧之處，今就本年視導工作概誌於次：

（一）五月下旬派上校視察成璞完赴瀋市、錦西、錦州、鞍山、遼陽、蘇家屯、撫順等處視察各後站院一次，其辦理成績較優者為瀋市總醫院，辦理不善者為錦西五五後院，該院長田倉本經簽准予以申斥在案。

（二）九月下旬林處長立及上校視察成璞完至瀋市臨教院及 108、38 站院、99 後院視察一次，有關改進事項均予以詳盡指示。

（三）十月中旬軍醫署林署長可勝及該署辦公廳主任趙蟾、供應司司長劉來東北，由林處長陪同視察瀋市、鐵嶺、遼陽、撫順各後站院，認為東北衛生人員上下均能協同工作，其業務較去歲有進步。

（四）十月下旬軍醫署派上校視察劉惟來東北，由林處長陪同視察瀋市各後站院。

（五）十一月上旬派上校視察成璞完赴十站院視察，認為該院所發爐煤不適取暖，當飭六補區對各後站院改發原煤。

（六）十一月中旬谷監察使視察瀋市各醫院，由林處長立陪同視察各院，谷監察使以本區各後站院之醫療設備均較抗戰進步良多，頗為滿意。

五、獸醫

1. 軍馬衛生之重要

查馬匹為軍中任重致遠之活動武器，與人員武器齊等重要，而為組織軍隊三大要素之一，尤以東北有山道崎嶇者，有郊野平原者，地形複雜，部隊行動之有賴於軍馬，實若呼吸之於空氣，養生之於飲食焉。現因農村破產，馬匹資源缺乏，補充困難，是以各部隊現有之馬匹應如何以謀減少損耗及注意保育，乃為當前不可忽視之急務。而獸醫人員乃馬匹之媒姆與推進獸醫業務之樞紐，因此其業務健全與否實影響軍力甚鉅，惟查獸醫人員編制過小，獸醫衛生器材頗感缺乏，欲謀工作開展乃事實所不許。今僅就本年度中心業務分別報告如次：

（一）防疫

查東北地方按偽滿馬政局之統計，鼻疽感染率佔全馬數百分之三七・五，炭疽例年損耗約佔百分之一・二，其他皮疽腺疫、傳染性貧血等均有多數病例之發現。本轅為加強軍馬防疫工作，除按軍馬傳染病防疫暫行規則所規定各項徹底實施外，並擬定下列各項飭令實施在案：

（1）感染鼻疽馬之清除

核定東北各部隊軍馬鼻疽清除及防過實施辦法，飭令徹底實施鼻疽檢疫，根據感染數目之強弱，劃分清靜與感染部隊，將鼻疽或疑似馬騾實施清除及調轉集中收療（附該辦法如後）。

（2）新購馬騾傳染病之預防

新購之馬騾於入營前規定徹底實施檢查，如入隊

後發現有傳染病時，由購買者負責，並於日常飼養時規定不得與民農用馬混雜，以防傳染。

（3）炭疽之預防

按時督飭補給區配發炭疽血清及疫苗分春秋兩季實施預防注射，調查各部隊實施頭數，春秋季統計數目為全馬數 63%，弱秋季統計數目為全馬數 59% 強，方法多為貝氏皮內一次注射法。

（二）保健

各部隊保管馬騾之素質，除少數應行廢役外，餘皆尚能堪充軍役，按年齡之統計以六歲至八歲佔多數。本轄為加強軍馬之保健，曾規定如次各項：

（1）飼料之管理

本年度馬秣費曾經兩次調整，第一次國馬為九、○○○元、洋馬為一八、○○○元，第二次國馬為三二、○○○元，洋馬為六四、○○○元，按物價指數計算所得飼料之榮養價，以 Kellner 氏之 starkwert 或 Hansson 之 frittereinheit 等計算，尚感缺乏。本轄為使飼料之足量並適宜供應起見，曾飭各部隊組織馬乾管理委員會管制之（附規則如後）。

（2）實施馬匹檢查

分春秋兩季實施，並飭將檢查結果報部備核。

（3）實施軍馬保育比賽

以軍為單位，按營養、清靜、馴緻、護蹄、使役等保育成績列定優劣順序，呈轄備核，優者予以嘉獎，劣者加以懲罰。

（4）一般疾病之診療

　　飭造軍馬病類季報表，調查各部隊疾狀況，按秋
季統計如附圖一，軍馬倒斃時飭具倒斃證明書核
查，按十月分統計各部隊病斃率（對全馬數病斃
數之百分比）如附圖二。

（5）護蹄

　　查肢蹄為馬騾作業能力之決定因素，特應注意護
蹄工作，尤以東北各期於冰上及雪地作業，護蹄
與裝鐵更屬重要。補給區收存之日式蹄鐵尚堪應
用，已令由該區擬定蹄鐵配發辦法，按照保管馬
騾數目，每年分三期配發，每期每馬發放二付、
蹄釘五〇枚，並如期補發冰上蹄鐵。各部隊之裝
蹄器材除野戰裝蹄工具缺乏外，一般尚稱足用。
瀋陽第五獸醫器材庫附設有蹄鐵工廠，其設備尚
屬良好。

（6）防寒

　　東北氣候嚴寒，為飭各部隊注意冰上及雪地作業
防寒衛生，特編定軍馬防寒衛生手冊，已印刷頒
發中。

2. 獸醫衛生器材及掌韁之籌備及配發

（一）獸醫器材

　　馬騾醫藥費每月發四十元，並視作戰之需要由補給
區按現有保管馬騾數目分四季配發一部現品。配屬本區
之第五獸醫器材庫卅五年度接收敵偽之獸醫器材及接領
總庫存天津之器材，本年初尚有剩餘，三月間又准聯勤
總部由天津分撥器材二萬七千餘箱，八月間全部運瀋配

發，並於九月下旬本轄派員赴北平墊購獸醫器材一批，交由補給區配撥自新軍使用。惟查各部隊現有之獸醫衛生器材均感缺乏，尤以外科手術器械及敷料等更感缺少，為補救計，特規定如次各項：

(1) 馬騾醫藥費不得移作他用，須將使用情形分季報部備核。

(2) 核定倒斃馬騾剝皮處理辦法（辦法如後），飭將剝得之馬皮換購獸醫衛生器材。

(3) 飭補給區根據病類別審查消耗數量，並飭各主官嚴防盜賣等行為。

(二) 疫苗血清

東北因無疫苗血清製造機構，致感籌補困難，由北平軍馬防疫所供給，計先後領到三批，均已配發完竣，九月間又經該所撥給製品一批，但以交通不便遲未領到，血清疫苗具時間性，並數量過少，遂由補給區隨領隨發。

(三) 蹄鐵

前接收敵偽之蹄鐵多、蹄釘少，並多洋馬之大型蹄鐵，本年上半年第五獸醫器材庫附設之蹄鐵工廠專作蹄釘，七月間開始製騾用蹄鐵，惟以該廠事業費不充，燃料電力缺乏關係，騾掌與蹄釘等未能如預期數量生產。本年度分三期配發之蹄鐵刻已全部發齊，駐永吉之第六十軍、駐長春之新一軍因交通不便，空運困難，預發之冬期掌輞遲未運到，為免誤使用計，由三十五年度購馬費存款內經補給區墊款匯交各該軍自製冰上蹄鐵使用。

（四）籠轡

本年春季補給區撥領籠轡費流通券九百六十萬元，招商製成麻質籠轡 2 萬 7,400 付，本年八月由瀋陽麻袋廠撥給線麻五九、七九二斤公斤，承製麻質籠轡六七、七〇五付、麻轡三四、〇〇〇條，旋准撥籠轡費國幣五億元由瀋陽製革廠承製皮質籠轡三、三八〇個，可於年前製成備發，惟麻質者使用不能耐久，皮質者昂貴，致前後製發之籠轡各部隊頗感不足應用。

3. 軍馬保育概況

（一）現有各部隊保管馬騾

除少數洋種外，均係國產馬及蒙古馬，按編補數目比較缺額頗多，十一月份統計數目如附表三。

（二）馬騾之補充

東北地區因無車馬採購組，致軍馬之補充直接由地方徵購，前奉主席蔣卅六丑魚府機電飭缺額馬騾就地設法徵購，已劃分地區由各省政府代為徵購，經聯勤總部東北區馬政管理處驗收後，各部隊獸醫人員前往接領，現因農村產馬衰落，無力供應，已徵得入隊之數目尚不足預計數目二分之一。

（三）軍馬品種之改良

軍馬品種之改良尚無若何之設備，偽滿設有之種馬改良育廠雖經馬政管理處接收，但以破壞慘重，無法復員，致短期間內軍馬品種之改良無從著手。按偽滿日人實驗之結果，國馬或蒙古馬與 Anglo-Norman 或 Percheron 之混血雜種適應東北之氣候頗稱良好，實施累化貴化法或近親清新法之繁殖皆獲有良好結果之報

告也。

4. 獸醫及蹄鐵人員

（一）缺額

　　各部隊獸醫及蹄鐵人員按編制數目尚懸有缺額，尤以新編騎兵部隊懸缺更多，按七月份統計尚缺有一等佐三二員、二等佐二七員、三等佐五員，前於長官部特考取十九員分發派補缺額過多之部隊服務。

（二）素質

　　各部隊現有獸醫人員素質可稱良好，多數係陸軍獸醫學校或偽滿各醫科大學畢業者，無出身者僅佔 8%，本轄為加強獸醫業務起見，曾於十月電令飭各部隊獸醫缺額不得由他兵科軍官佐佔補。

（三）教育

（1）獸醫人員

　　前長官部擬定衛生人員訓練班內設獸醫組，抽調各部隊偽滿人員或無相當出身者加以整訓，惟准聯勤總部覆以經費無著，致成泡影。

（2）蹄鐵人員

　　各馬騾部隊多沒有掌工訓練班，尚能維持業務之需要，惟技術方面有待改善之必要。

六、統計

1. 一般統計

　　依據三十五年十二月份訂定 36 年度之業務表及依照軍醫署、聯總等訂定之一般統計業務而實施之，舉凡負傷官兵人數統計、陣亡官兵人數統計、患病官兵人數

統計、患病種類統計、衛生人員之統計以及材料之蒐集調查會核等。

2. 各項統計

　　就中以野戰區言，其統計數字中心在傷亡官兵之總數，最初各單位以調查表格式之規定不一，又負責調查呈報機關之因人事更動，戰事之過多，負責人員之疏忽諸原因，每不能成確數之統計。今由本（36）年元月一日至十二月十三日根據本東北全軍之部隊八個軍、十三個保安區、十五個支隊、九個省保安司令部及一個整編師及直屬部隊共約六〇萬人中，所報之傷亡官兵總數為六七、一六二員名，計負傷官二、三六九員，兵三二、九九六名，陣亡官一、四三〇員，兵三〇、三六七名，其中虛報、漏報在所難免。茲將野戰區及兵站區分別統計如下：

（一）野戰醫院收療人數共計五七、五五八員名（如附表一）。

（二）後站院收療人數共計七〇、九七七員名（如附表二）。

（三）衛生大隊及衛生汽車隊、衛生列車隊收轉次數及人數：

　　　衛生大隊收轉人數共計二二、三〇七員名；

　　　衛生汽車隊收轉五七三次，計四〇、七五八員名；

　　　衛生列車隊收轉四七次，計三〇、九八五員名。

（四）以東北氣候寒冷因冷而凍傷者計四、七二二員名，計官九七員名，兵四、六二五名，內分各

部凍傷（如附表三）。

附表一　各野戰醫院收療傷病官兵人數統計表

傷病官兵別		收療人數	健癒歸隊人數	後送人數	死亡人數
傷	官	2,190	700	1,324	52
	兵	30,196	9,434	24,182	32
病	官	2,101	1,064	234	15
	兵	23,071	13,030	6,288	434
合計		57,558	24,228	32,028	533

附表二　各後方兵站醫院收療傷病官兵人數統計表

傷病官兵別		原有住院人數	入院人數	出院人數	死亡人數	現有住院人數
傷	官	367	3,260	2,621	70	936
	兵	3,777	33,646	6,552	1,047	9,824
病	官	203	1,934	1,492	112	533
	兵	3,326	24,464	18,519	2,222	7,049
合計		7,373	63,304	49,184	3,451	18,342

附記：

一、本表根據各醫院旬報表彙計而成（自卅六年元月上旬至十一月下旬止計十一個月）。

二、入院欄內人數包括他院轉來之人數。

三、出院欄內人數包括健愈歸隊、轉住他院、轉住殘廢院、編隊、遣散、開除、潛逃等人數。

附表三　東北區三十六年度部隊官兵凍傷統計表

新一軍

凍傷人數			凍傷部位				
官	兵	小計	鼻	耳	手	足	其他
5	122	127		4	46	93	12

凍傷原因：因作戰時間太久

新六軍

凍傷人數			凍傷部位				
官	兵	小計	鼻	耳	手	足	其他
2	106	108	3	22	41	38	9

凍傷原因：
一、放哨時間太久
二、戰鬥時間太久

十三軍

凍傷人數			凍傷部位				
官	兵	小計	鼻	耳	手	足	其他
4	189	193	14	35	68	71	16

凍傷原因：因雪地作戰太久

五二軍

凍傷人數			凍傷部位				
官	兵	小計	鼻	耳	手	足	其他
16	1,067	1,083	33	55	426	491	39

凍傷原因：
一、因雪地作戰太久
二、被圍
備考：
該軍第二師在西高力城子之役凍傷官兵計五三〇員名

六十軍

凍傷人數			凍傷部位				
官	兵	小計	鼻	耳	手	足	其他
5	325	330	5	15	189	174	4

凍傷原因：
一、作戰時間太久
二、行軍時受寒

七一軍

凍傷人數			凍傷部位				
官	兵	小計	鼻	耳	手	足	其他
4	149	153	4	7	62	91	8

凍傷原因：因冬服不全，天氣驟冷所致

九三軍

凍傷人數			凍傷部位				
官	兵	小計	鼻	耳	手	足	其他
1	135	136	2	9	40	94	6

凍傷原因：因冬服不全，天氣驟冷所致

各保安團隊

凍傷人數			凍傷部位				
官	兵	小計	鼻	耳	手	足	其他
51	2,410	2,461	149	204	911	988	242

凍傷原因：
一、因服裝不全
二、被圍
備考：
殘廢六人

其他

凍傷人數			凍傷部位				
官	兵	小計	鼻	耳	手	足	其他
9	122	131	12	45	68	68	1

凍傷原因：
一、乘車時間太久
二、教練時間太久

合計

凍傷人數			凍傷部位				
官	兵	小計	鼻	耳	手	足	其他
97	4,625	4,722	222	396	1,851	2,108	332

附記：
凍傷原因：
一、因冬服六補區遲緩。
二、因各級部隊長對防凍衛生教育實施不勤勞澈底。

其九　政工

一、策反宣傳工作

策反宣傳為攻心戰術中之主要工作，本轅新聞處特制定策反宣傳計劃逐步實行，並針對當前局勢擬具策反宣傳品十餘種，計共印製二百五十餘萬份，經簽奉兼主任陳批准交由空軍投散匪區，此項計劃已於本年十月間全部完成，惟空軍方面往往未能把握時間按期投散，此種缺點定當積極設法改進。

二、改組黨政會報

東北黨政會報奉令改組為「東北行轅黨政軍團聯席會報」，業於本年五月底改組竣，因該會報秘書處業務原由長官部新聞處辦理，茲遵規定改由本轅新聞處接辦，業於本年五月廿日接管竣事。

惟查東北黨政軍團聯席會報自改組成立後，因本年六月奸匪發動第五次竄擾，以致數個月間均未能按期召開，本年九月三日奉兼主任陳令飭恢復黨政軍團聯席會報，並頒發各項會報、法令，本轅新聞處奉令後遵即恢復工作。

三、組織軍民合作總站

關於組織軍民合作站事項，前於奸匪圍攻四平時即由本轅新聞處電令各部隊政工單位聯合地方公正士紳分別在各地組織成立，以供應軍隊之需要，而減少軍民間之糾紛，本年九月復奉兼主任陳令在瀋設立軍民合作

總站，並以瀋陽市長兼站長，新聞處派高級官佐兼副站長，辦理一切軍民合作事宜。

四、頒行政訓實施方案

本轄新聞處為切實督導部隊政訓工作，特頒發政訓實施方案，並於八月四日召集各政工單位舉行工作座談會研討應興應革事宜，對于連隊政工工作則經擬定各項報告表統計表及分層督導辦法，督飭所屬切實遵行，此項工作近已大致完成，所屬各政工單位亦尚能遵照實行，故一般政工工作已較本轄新聞處初創時期進步頗多。

五、調查文化機構

東北各地報社、通訊社、雜誌社、出版社及各種文化機構本年中奉准設立甚多，惟各社概況尚欠明瞭，本轄新聞處特於本年七月起開始澈底調查，以便聯繫工作，建立文化基礎，一致發揮建國精神，藉收統一宣傳之效，調查完竣者計有七十餘處，但因預計調查之項目繁多，不易詳盡，仍在繼續調查中。

六、督導監察城防工事

保衛瀋陽之城防工事，自本年開始構築時，本轄新聞處即行派員會同本轄監察組分赴市郊各工事據點實行督導監察工作，截至本年十一月底城防工作大致竣事，本新聞處督導監察工作遂告完成。

七、編印刊物

　　本年十月間本轅新聞處為供應各部隊官兵精神食糧計，特開始計劃編印刊物三種，當經組成編纂委員會草擬編發刊物計劃，經簽奉兼主任陳核准編輯出刊，茲將三種刊物名稱及內容分誌如下：

（一）士兵之友，內容為軍事常識、剿匪須知、前線
　　　通信及文藝等。

（二）文告彙編，內容為公報、主任言論及專載等。

（三）新聞月報，內容為主義研究、剿匪言論、國際
　　　問題、政治分析、軍事知識及文藝等。

八、組織遼寧省勞軍分會

　　本轅新聞處於本年六月曾大規模策動瀋市民眾舉辦勞軍運動，以期表彰功績，振作士氣，當經募集流通券六千萬元，分別舉行音樽晚會及購買慰勞品，並經組織勞軍團分組出發，往各部隊防地實行慰勞，成績頗佳，本年十一月復奉令組織全國勞軍總會遼寧省分會，於十一月七日正式組織成立，由大會推定本轅新聞處處長魏鴻緒及黨團首長石堅、胡庚年等十三人為常務委員，繼續辦理勞軍事宜。

九、彙編奸匪動態

　　關於東北奸匪動態，現由本轅新聞處按月彙編，每期編印後均經專案呈報國防部新聞局備查，此外並編印「黨派調查■報」及「情報彙編」等，亦均按期專案報備。

十、蒐集國史資料

本轅新聞處奉令蒐集國史編纂資料，並奉頒發史政業務處理綱要及本轅各室處日記記載實施辦法一種，遵即查明該辦法中有關本新聞處各科室主辦之業務擬具補充辦法一種，付諸實行，現上述蒐集史料及記載工作均在積極進行中，預計本年內可完成一部分。

十一、集中政工單位實施中心工作

本轅新聞處接管前東北保安司令長官部新聞處卷內查有「集中駐瀋新聞（政工）單位力量配合當前軍事需要加強對民眾宣傳組訓安定民心鼓勵士氣以期促進軍民合作剿除奸匪安定地方」一案，當以該案甚屬急要，經擬定中心工作項目及實施辦法，飭各駐瀋政工單位繼續施行，茲將各項中心工作項目附誌如下：

（一）加強宣傳報導工作，安定民心；

（二）揭露奸匪陰謀罪行，激發官兵民眾之敵愾心；

（三）宣揚國軍忠勇事蹟及戰果，堅定軍民剿匪必勝之信念；

（四）鼓勵士氣，加強慰勞服務工作；

（五）加強民眾組訓，促進軍民合作

（六）防止奸匪兵運；

（七）加強情報及防諜工作；

（八）鼓勵官兵參加中山俱樂部活動；

（九）舉辦壁報；

（十）發動革除不良嗜好運動；

（十一）厲行清潔檢查；

（十二）舉辦生活檢討會；

（十三）舉行新生晚會。

十二、慰問傷病官兵

本轅新聞處對於各兵站醫院及各後方醫院之傷病官兵，均按月派員前往慰問，惟因缺乏慰勞經費，故對各醫院之傷患官兵僅供給士兵讀物等之精神食糧，現正計劃制定經常慰勞辦法，按月實行。

十三、頒發宣傳要點

本轅新聞處自本年五月成立後對於中央及地方重要政令之措施與時事動態等，均根據中央指示及地方需要隨時頒發宣傳要點，用作各文化宣傳機關團體之參考，實行以來所有東北各報社、通訊社、雜誌社等均頗重視，瀋市各報且多依據新聞處提示之宣傳要點撰述社論，其餘各地刊物亦從未發現歪曲反動之言論，故宣傳要點頒發後收效甚為宏大。

十四、組織宣傳工作委員會

本年五月本轅新聞處為統一宣傳，集思廣益，以期增強宣傳工作之效能起見，特將前政治委員會宣傳處之宣傳工作委員會改組擴大，增設委員名額卅五人至四十五人，網羅瀋市各報社、通訊社、雜誌社之社長、主筆、編輯及社會賢達與文化團體主持人，對宣傳工作素具經驗興趣者聘任之，並為集中研究起見，另設研究小組研究有關宣傳政策及技術方法，以期發展各項宣傳

運動，計自成立以來，對所有本年中之重大事件，如北
塔山事件、四平之戰及戡亂建國總動員等均經集中研
究，以發揮宣傳之最大效能。

十五、統一發佈戰訊

本年六月間本轅新聞處會同東北保安司令長官部成
立「戰訊發佈組」，所有記者採訪之戰訊必須檢查後始
得發表，發往外埠之電訊亦須派員注意監察，藉收統一
宣傳之效，政訊及一般資料則由新聞處遴派新聞專員
分別採訪，統一發佈，實施以來各報發表戰訊已無錯亂
與不實現象，外埠電訊亦大部控制，效果甚佳。本年八
月東北保安司令長官部編併本轅後，新聞處復於九月間
簽准重新設立戰訊發佈組，以第二處處長兼任組長，新
聞處科長兼任副組長，工作一仍舊貫，戰訊則由二處決
定，由新聞處發佈。

十六、擴大總動員及剿匪戡亂宣傳

政府於本年七月頒佈總動員令後，本轅新聞處即會
同東北保安司令長官部新聞處策動遼瀋各界於七月廿日
舉行「遼瀋各界擁護政府總動員戡亂救國大會」，並於
七月廿一日起廿八日止舉行剿匪戡亂宣傳，總計為六個
「動員日」，自廿一日星期一起，為青年、工人、文化
人、商人、農人、婦女六動員日，至廿八日圓滿完成，
會後並由本轅新聞處領導組成「東北文教工作動員協
會」辦理有關文化教育等工作（附件（二））。

十七、發動前線民眾協助作戰

東北奸匪本年第五次竄擾時，國軍保衛四平，瀋陽及附近城市均入於戰時狀態，本轅新聞處為發動前線民眾協助作戰計，當派高級官佐六人隨同東北保安司令長官部前進指揮所前往開源、昌圖等地，督飭各部隊政工人員配合軍事加緊工作，其主要項目如下：

（一）發動民眾搶修開原至四平間之公路。

（二）組織開原、昌圖兩縣善後協進會。

（三）發動民眾協助架設電話。

（四）組織軍民合作站。

（五）調查四平戰役實況。

（六）聯絡軍民感情。

（七）發動民眾組織擔架隊輸送傷兵。

十八、舉行新工檢討會議

本年八月廿五、廿六、廿七、廿八，四日，本轅新聞處召集所屬各級新聞訓導單位主官在瀋陽招待所舉行新聞工作檢討會議，由國防部新聞局鄧局長親臨主持，所有各項報告紀錄及決議案等均經專案呈報。

十九、舉行陣亡將士追悼會及公祭韓故師長增棟、
唐故師長保黃

本年七月十五日本轅新聞處為追悼陣亡將士藉慰忠魂起見，在瀋陽陣亡將士紀念祠舉行陣亡將士追悼大會，由熊前主任親臨主祭，各機關首長及各團體主持人陪祭，各界代表暨軍人、學生、工商、民眾參加者達

二千餘人，極盡哀榮。

又陸軍第八十八師師長韓增棟於四平戰役陣亡，本轅新聞處特會同東北保安司令長官部新聞處並聯合遼寧省、瀋陽市各機關團體於本年八月十日在陣亡將士紀念祠舉行公祭，參加者亦達三千餘人，儀式莊嚴肅穆。

又暫編第五十一師師長唐保黃於東北奸匪第六次竄擾時在新邱被圍，見危授命，自戕殉國，本轅新聞處特發動遼瀋各界於十二月廿日在瀋忠烈祠舉行公祭及追悼此次剿匪陣亡將士，大會由羅副主任代陳兼主任主祭，素車白馬備極哀榮。

二十、處理學潮

本年七月間奸匪及反動份子在國內各地鼓動學潮，東北學生亦於此時準備響應，當經本轅新聞處發動緊急措施，軒然大波終告平息。先是東大先修班學生要求學校改換名稱，東大教授亦要求改善待遇，實行罷教，奸匪乃從中操縱，醞釀擴大，期與關內學潮採取一致行動。本轅新聞處當即會同各有關機關成立瀋陽學生生活指導委員會，隨時調查學生動態，謀求解決，並發動輿論力量舒導學潮，運用各校黨團同志以組織對組織之方法打擊鼓動學潮之份子，同時招待各院校教授舉行談話，瀝陳政府苦心，各校乃逐漸恢復上課，勢將牽動東北全面之學潮遂得和平解決（附件（三））。

廿一、管訓戰地學生

東北奸匪數次竄擾匪區，青年學生紛紛避難來瀋，奸匪第五次竄擾時逃瀋青年約八千餘人，匪第六次及第七次竄擾時陸續來瀋之各地學生竟達數萬，本轅新聞處為組訓青年實施救濟計，經擬具戰地學生管訓計劃，奉批照准並決定原則三項於奉准後開始實行，成績尚佳，迄至本年年底已大致完成，茲將原則三項錄後：

（一）駐地各省市政府對各該地流亡來瀋學生應予積極收訓。

（二）凡前在瀋各學校之學生，而家鄉甫經淪陷者，仍比照淪陷區學生救濟辦法辦理。

（三）流亡學生由各主管單位舉辦學生講習會及補習班，以免流亡青年荒廢學業。

廿二、檢扣反動書報

查奸匪在上海、南洋、香港各地印製大量書報雜誌及各種宣傳小冊投寄我方，而民盟及一部反動份子亦多利用書報雜誌傳播其叛逆思想，本轅新聞處為澈底制止此類反動論在東北各地散播及配合瀋陽戒嚴令起見，特會同有關機關成立書報檢查組，派員往郵局逐日檢查來往投遞之書報雜誌，截至本年九月底止計共檢扣反動書報雜誌二十七種，共計一千四百九十三份，登記各地寄來本區之報紙共一百卅種，並登記東北區發行之報紙共二十四種，實施以後坊間反動書刊確已絕跡，本年十月以後因編併時人事頗有變動，檢查工作暫告停止，俟當簽請繼續實施。

廿三、整肅風紀懲治貪污

本轅新聞處對于整肅軍風紀懲治貪污工作素極重視，茲將本年下半年經辦重要各案分誌如下：

（一）第卅後方醫院院長鄭炎貪污瀆職案，經派員調查屬實，已報由中央慰勞團轉電負責當局將該院長撤職查辦。

（二）第一〇七後方醫院軍需主任李敬階貪污瀆職案，據該院訓導室主任孫紹武報告調查有據，當經簽奉兼主任批准由軍法處將該軍需主任逮捕法辦，經訊供認貪污不諱，截至本年十二月中旬止仍由本轅軍法處繼續審理中。

（三）第二〇七師新聞處中校秘書賈成允、中校教官賈成德因挾嫌尋毆副官章暌一案，經派員前往該師駐地撫順實地調查屬實，當經簽奉兼主任批准，將該賈成允、賈成德等撤職，以肅軍紀。

廿四、發起主席壽辰簽名運動

本年十月卅一日為我主席蔣公六秩晉一誕辰，本轅新聞處為紀念元首降嶽佳辰，特發起東北各界首長祝壽簽名運動，是日在本轅舉行祝壽慶祝典禮，並趁東北各界首長集瀋之時在裝黃精美之紀念冊上分別簽名，以資紀念。

附件（二）

一、東北文教工作動員協會簡章

一、本會定名為東北文教工作動員協會。

二、本會以發動東北文教工作人員，擁護國家總動員法
　　令，達成戡亂建國之任務為宗旨。

三、本會會址設於瀋陽。

四、本會會員分團體與個人兩種：

　　1. 凡經合法手續成立之文教工作機關團體，得為本
　　　 會團體會員。

　　2. 凡在東北從事有關文化工作，贊成本會宗旨者，
　　　 得為本會個人會員。

五、本會設委員五十五人至七十五人，由全體大會選
　　舉之，常務委員九人至十五人，由委員中互選之，
　　組織常務委員會主持日常會務。

六、本會常務委員會設總幹事、副總幹事各一人，以下
　　設文書、會計、事務、交際四股，股設股長一人、
　　幹事若干人，分掌各項事務。

七、本會為推進文教工作業務，分設教育、新聞、出
　　版、藝術四個工作委員會，各設委員若干人，由常
　　務委員會聘定之，並指定一人為主任委員，一人為
　　副主任委員。

八、本會會員大會每半年舉行一次，委員會每月舉行一
　　次，常務委員會每週舉行一次，必要時得召開臨時
　　會議。

九、本會之經費來源如左：

　　甲、會費團體會員五千元，個人會員一千元。

　乙、捐募。

十、本會常務委員會及各種工作委員會辦事綱則另
　　定之。

十一、本簡章經會員大會通過後施行。

二、東北文教工作動員協會宣言

　一部世界史便是一部第五縱隊活動史。

　公前二千二百年左右中國北部出現了一個侵略的民
族，稱為有窮氏，他的君長名羿，創造了第五縱隊的戰
術，利用夏民族對於君長太康的不平不滿，把夏民族的
敗類羿和組成第五縱隊，推翻了太康的政權，把太康
的弟弟仲康裝成傀儡，代替有窮氏間接統治夏民族七十
年，直到少康中興，夏民族才能光榮獨立，這是最古的
第五縱隊活動記錄。

　到了公前一一二二年前後周民族和商民族爭霸，周
民族的君長姬發、大元帥姬旦和參謀長姜尚繼承了有窮
氏羿的第五縱隊戰術，導演商民族裡各小民族的「自治
自決」、「前途倒戈」，瓦解了紂王的國家，並且補充
修正了第五縱隊戰術，利用商奸祿父和微啟建立偽邶國
和偽宋國，創造了中國史上有名的封建制度。一班歷史
家對於封建制度的瞭解，只限於它是周民族的殖民地制
度，其實這卻是古代第五縱隊最基本的戰術，周民族利
用第五縱隊戰術滅亡了商民族，間接統制他八百餘年。

　公前七七○年申侯和西戎利用第五縱隊戰術削弱了
周民族的中央政權，幽王被弒。平王東遷四十九年之後
的公前七二二年，衛國侵鄭利用宋奸公子馮。公前七○

二年秦國侵芮，利用芮萬公。前七〇一年宋國侵鄭，利用鄭奸公子突。公前六九六年齊國侵衛，利用衛奸公子朔。公前六九五年陳國侵蔡，利用蔡奸公子李。公前六八五年莒國侵齊，利用齊奸公子小白。公前六七五年衛國侵周，利用周奸公子頹。公前六七〇年北戎侵曹，利用曹奸公子赤。公前六七〇年齊國侵魯，利用魯奸公子申。公前六五〇年秦國侵晉，利用晉奸公子夷吾。公前六三六年秦國再度侵晉，利用晉奸公子重耳。公前六三六年以前北狄侵周，利用周奸王子叔帶。公前六四三年宋國侵齊，利用齊奸公子昭。公前六三二年魯、楚兩國侵齊，利用齊奸公子雍。公前六三二年晉國侵衛，利用衛奸臣元咺。公前六三〇年晉國侵鄭，利用鄭奸公子蘭。公前六二六年楚國侵鄭，利用鄭奸公子段。公前六二〇年秦國第三度侵晉，利用晉奸公子雍。公前六一三年晉國侵邾，利用邾奸公子捷。公前六〇六年曹國侵宋，利用宋奸武族和穆族。公前五九八年晉國侵陳，利用陳奸臣孔寧儀。公前五八七年晉國侵衛，利用衛國的權奸孫林父。公前五七三年楚國侵宋，利用宋奸臣魚石。公前五五〇年齊國侵晉，利用晉奸欒盈。公前五四一年齊國侵莒，利用莒奸公子去疾。公前五三〇年齊國侵北燕，利用北燕的失國君王款。公前五二九年吳國抗楚，利用楚奸公子比。公前五二一年陳國侵衛，利用衛奸華亥。公前五一七年齊國侵魯，利用魯國的失國君王稠。公前五〇三年楚、鄭兩國侵周，利用周奸王子猛。公前四九九年曹國侵宋，利用宋權奸樂大必。公前四九六年晉國侵衛，利用衛奸太子蒯瞶。這一串第五

縱隊活動的史實，寫成春秋的大據亂時代。春秋末年大兵學家孫武綜合了這些歷史的經驗，著成兵學史上破天荒孫武子十三篇，殿以「用間」，實為第五縱隊戰術見於文字的開始，他力主運用「上兵」實施「伐謀」，所謂「上兵」就是在敵國裡組織的第五縱隊，孫武稱第五縱隊曰「內間」，由敵國國內不滿現狀的「官人」組成，又稱曰「鄉間」，由敵國之內不平的「鄉人」組成，作我兵的間諜，為我國的內應，孫武以後的陰謀家又把這個戰略向高處推進了一步，由「內間」組成傀儡的政權，由「鄉間」編成降服的民眾建立偽國家。

西漢初年匈奴組織韓王信，西漢末年他又組織盧芳，利用漢朝的失意軍人編成侵略的第五縱隊，漢武、宣、和三帝以後為了對抗匈奴，斷他右臂，派遣班超等人前往西域組織第五縱隊，「用夷狄以攻夷狄」是班超的名言，也正是第五縱隊的基本作用。漢朝並且在今日晉北綏南迤帶建立了組織完善的第五縱隊——偽「南匈奴國」，這是漢民族應用第五縱隊戰略以防禦北方蠻族的成功的紀錄。唐末的偽「大晉皇帝」石敬塘是契丹組織第五縱隊，劉崇也是契丹組織第五縱隊，他被建立為偽「北漢國」。北宋末年女真扶植張邦昌的偽「大楚國」和劉豫的偽「大齊國」，南宋末年蒙古也組織吳天右的第五縱隊，滿清入關之先把明朝農民暴動首領李自成變質為第五縱隊，又勾引吳三桂改編成第五縱隊，克奏滅亡明朝之效。

民國以遠，帝俄侵略我國，把外蒙活佛哲布尊丹巴扶植成為第五縱隊，潛號為偽「共戴皇帝」，英國也把

西藏活佛達賴裝備成為第五縱隊，建立了偽「西藏政權」，日本帝國主義在我國組織的第五縱隊更是洋洋大觀，民國五年他扶植肅親王的偽「宗社黨」和巴布札布的偽「蒙古獨立軍」，二十一年製造偽「協和會」，建立偽「滿洲國」，擁立溥儀為傀儡，二十二年導演殷汝耕的偽「冀東防共自治政府」，二十六年以後王克敏、王揖唐被扶植為偽「華北政務委員會」，設立偽「新民會」，德王被製為偽「蒙古聯盟自治政府」，汪精衛也被另編成為偽「中華民國」，竊號為偽「中國國民黨」，這些偽組織總共有六十萬以上的偽軍。

在世界史上這種利用第五縱隊以亡人家國的事，倒也是更僕難數。公前四九數年，波斯侵略希臘，希奸喜匹亞引導敵兵進攻祖國，過了兩天皇帝隱，這是西洋史上第五縱隊的初見，時間比春秋時代趙間子族使衛奸蒯膭攘奪蒯輒的中央政權遠晚了六年。中古時代蒙古人徵服歐州，依然和他進攻南宋一樣，導演被侵略國家的第五縱隊。梅特涅組織來因同盟，那同盟的大小傀儡實質上正是梅特涅的第五縱隊。近代史上莫索里尼組織西班牙佛朗哥第五縱隊，同時赤色帝國主義也把西班牙人民戰線裝成赤色第五縱隊，大鬥其法寶。第五縱隊這個不祥的名詞便從那時起名聞世界了。希特勒登台利用捷奸漢倫為第五縱隊吞併了捷克，導演奧奸科特里的第五縱隊攘取了奧大利，用那奸吉斯林巧入那威，派荷奸木戈爾統治荷蘭，比奸德格里斷送了比利時，匈奸巴施出賣了匈牙利，希特勒席捲歐洲，滅國十四，純粹得力於第五縱隊的叛國投降，第五縱隊戰術一名為「吉斯林主

義」，就是起源於那奸吉斯林。同時的東面日本帝國主義不單在中國扶植了上例一串的第五縱隊，他遠在越南扶植越奸鮑台，在印度裝備印奸鮑斯，在柬甫塞組織希哈斯，在菲律賓導演了羅勒爾，在泰國武裝起鄭華。今天赤色帝國主義國也正在歐州裝備訓練羅馬尼亞、奧大利、匈牙利、捷克和波蘭等等赤色第五縱隊構築鐵幕，古今中外的帝國主義國家都是採用孫武「用間」的原則，「因其官人而用之」，組織「內間」，「因其鄉人而用之」，組織「鄉間」，利用敵國的官民，誘以甘言，資我金錢，助以武器，借以人力，組成第五縱隊，從敵國國家之內取得敵國的國家。

但是帝國主義國家何以會容易地把敵國官民組成第五縱隊，這基本的技術是利用敵國官民不平不滿的情緒，有窮氏羿在夏民族裡組織第五縱隊，首先利用夏民族對於太康的不平不滿，周民族扶植微啟的第五縱隊，也利用他和商紂的思想衝突，春秋時代的三十多個第五縱隊完全因為王子公子公孫貴族之間互相爭奪中央政權，致被敵國所利用。韓王信和盧芳是失意軍人，「南匈奴」則起源於單于的爭立，石敬塘覬覦政權，劉崇窺竊神器，他們要勾結契丹，契丹也正好利用他們來進攻中國，張邦昌是失意的大臣，劉豫是野心的軍閥，吳天右是局促的地方武力，李自成是失業的暴民，吳三桂是圖報利仇，都被異族所族使利用。

到了近代思想的紛歧，黨派的傾軋，宗教的鬥爭，民族的磨擦，階級的矛盾，都變為可供帝國主義利用的弱點。哲布尊丹巴、達賴、肅親王、巴布札佈柴巴桑大

毛拉、溥儀和德王諸奸的被利用，導演於民族問題和宗
教問題。殷汝耕、王揖唐、王克敏、梁鴻志、汪精衛、
陳公博諸奸的受導演，種因於思想問題和黨派問題，一
個國家之內若是充滿了思想、黨派、宗教、民族以及階
級的不滿不平，久而久之自會形成燎原的烈火，他的敵
國便要因利乘便推波助瀾，把反抗性或革命性的集團，
變質為第五縱隊，族使他反叛中央，進攻祖國，客觀上
作了敵人的鷹犬。

　　在古代帝國主義利用敵國不平不滿份子，都是密派
特務裝成笑臉潛施勾引，或用女色或用金錢，許以官爵
予以厚祿，這是所謂收買方式。到了近代方式進步，加
上宗教的麻醉和教育的薰陶，例如法國在越南組織黎興
的第五縱隊便是傳布天主教，帝俄導演外蒙古的叛變也
是利用喇嘛教，這是麻醉方式。現代帝國主義組織第五
縱隊是在女色、金錢、爵祿、宗教、教育之外又發明了
更為高級毒辣的技術，就是利用「主義」。日本組織溥
儀喊出「王道主義」，莫索里尼組織南歐第五縱隊標起
「法西斯主義」，希特勒組織西歐第五縱隊強調「納粹
主義」，使敵國國內不平不滿份子先接受「主義」的洗
禮，變成某黨的信徒，便會忠實的服從「主義」創始者
的領導，這用「主義」組織第五縱隊的方式是最進步、
最陰險的一種，這是欺騙方式，而這種方式實是赤色帝
國主義陰謀的絕大發明。

　　一個國家內不平不滿的官民被帝國主義收買麻醉欺
騙之後，必定單獨地或集體地先向帝國主義供給情報成
為間諜或奸細，漸漸的接受了帝國主義的金錢和武器，

形成武裝集團，就是一般人所習知的偽軍，向祖國的中央稱兵叛變，偽軍在叛變開始大多是揭示政黨的旗號，就是大眾所熟知的偽黨，偽軍、偽黨戰勝攻取國土的一部樹立偽政權，偽政權再形擴大成為偽國家，間諜、奸細、偽軍、偽黨、偽政權和偽國家總名為第五縱隊，在第五縱隊每個人的主觀上未嘗不自認這是在發動革命，在爭取獨立，在消滅不滿和不平，但在客觀上他們確確實實成了外國的傀儡，從四千年前的義和氏到今天的毛逆澤東沒有一個人成為例外。

原來所謂十月革命之初赤色陰謀家就照抄孫武用間篇的方式，在世界資本主義國家裡組織第五縱隊，用唯物史觀唯物辯證法、剩餘價值說、無產階級專政、工人無祖國、民族自決、打倒帝國主義一套「主義」，利用各國國內階級民族的矛盾，欺騙不滿不平份子。民國九年赤色特務維辛斯基來到中國著手利用「馬克斯主義研究會」，第二年七月偽「中國共產黨」宣佈組成，批載著革命政黨的衣冠，掩飾起第五縱隊的本相，同時維辛斯基策動偽「蒙古青年黨」由蒙古的赤色第五縱隊促成了外蒙古的「獨立」，這是中國被肢解被蠶食的開始。民國十三年中國受騙竟允許赤色第五縱隊潛入國民革命的陣營，十六年陰謀暴露中國實行肅清內奸，他們便在湖北、廣東、江西公開叛亂，廿一年成立了偽「中華蘇維埃共和國」，同年赤色帝國主義國家又在新疆省建立了偽「東土耳其斯旦共和國」，中國國內共有三個赤色第五縱隊了。江西的赤色第五縱隊經過五次圍剿於廿三年逃往延安，一籌莫展，恰值抗日戰爭開始，中國再一

次被騙，承諾了延安的合法存在，就從那時起我們打了八年血戰，赤色第五縱隊卻一直在勾結敵偽消滅國家，勝利之後它更是全部叛變，到處破壞。這廿六年它們的罪惡真是罄竹難書，它們為什麼這樣和祖國為難？為什麼這樣在中國搗亂？一言以蔽之，是受了「主義」的欺騙，忠實的執行赤色陰謀家吞滅中國的戰略，要奉送整個中國作赤色的附庸，外蒙古是被迫割讓了，但赤色陰謀家並不滿足，新疆纏回偽組織是木已成舟了，但赤色陰謀家還不中止，他非要族使毛澤東的赤色第五縱隊出賣了中國，永遠也不會罷休。

　　現在我們不再受騙，偽「中國共產黨」確實不是一個政黨，它是赤色帝國主義侵吞中國的工具，我們明白偽「共產主義」和偽「王道主義」、偽「新民主義」、偽「三民主義」（汪記）同是赤白帝國主義組織第五縱隊的欺騙術，我們瞭解偽「中國共產黨」和偽「宗社黨」、偽「蒙古青年黨」、偽「協和會」、偽「新民會」、偽「中國國民黨」（汪記）同是偽黨，我們認清偽「中華蘇維埃共和國」和偽「蒙古帝國」、偽「西藏國」、偽「蒙古人民共和國」、偽「滿洲國」、偽「東土耳其斯旦共和黨國」、偽「冀東政府」、偽「華北政委會」、偽「蒙古聯盟自治政府」、偽「中華民國」（汪記）同屬偽政權或偽國家。我們看透毛逆澤東和哲布尊巴丹、達賴、肅親王、巴布札爾、溥儀、殷汝耕、王克敏、德王、汪精衛諸逆同是漢奸，和古今中外的一切傀儡相同。我們知道偽「八路軍」也和一切白色偽軍是同一屬性的武裝奸細，赤色第五縱隊的活動史正是世

界史的一頁。

不過從歷史上看來，任何時代、任何國家的第五縱隊最後必遭到失敗的命運，而他們的失散在四個方式支配之下進行。第一是自動反正，祿父、宜臼、夷吾、重耳、曹貴、張邦昌、吳三桂、哲布尊巴丹都是蟠然覺悟，背叛了他的導演者。第二是被迫消滅，溥儀、殷汝耕、王克敏、德王、陳公博和希特勒的第五縱隊，都跟隨著族使者的亡國而樹倒胡孫散。第三是澈底擊潰，公子滑、王子叔帶、王子猛、魚石、欒盈、肅親王、巴布札佈都被中央軍一舉盪平。第四是自動解散，劉豫是很不經見的一例。毛逆澤東的赤色第五縱隊將歸入那個方式，自動解散這是決對的不可能，因為赤色帝國主義國家不會悔過自動反正，這尤其是不可能。被「主義」欺騙的漢奸必定至死不悟，鄭逆孝胥和陳逆公博地下相逢也會互向宣傳「王道」和「和運」，被動消滅？這待何年？我們實在不能等候了，雖然終會有這們一天澈底擊潰麼？我們擁護這一方式，今天的中國只有這個戰略是正確的，英勇戰略絕對必要，絕對可能，偽「亞塞爾拜然」第五縱隊便早已被伊朗打光，而赤色帝國主義也是徒喚奈何，愛莫能助。

九一八以後我們東北三千萬人民在白色第五縱隊偽「協和會」、偽「滿洲國」鞭撻之下飽嘗了亡國奴的滋味，八一四以來我們又開始遭受赤色第五縱隊的蹂躪，赤色帝國主義在日寇投降之始，一面族使延安的赤色第五縱隊向東北進軍，並且急派李立三（化名李敏然）、周保中來到東北改編偽滿洲國軍組成「東北民主聯

軍」，企圖建立第二個偽「滿洲國」，一面利用蒙古青年成立偽「東蒙古人民共和國」，赤色帝國主義搬走了東北百分之八十的工業設備，又把剩餘部分交給赤色第五縱隊燒光搶光，兩年以來他們作了五次攻勢，以致政權破碎，國土沉淪，經濟蕭條，物價高漲，鐵道中斷，人民流離，省不成省，國亦不國，大部份的東北已變為赤色第五縱隊的天下。

今天東北文教工作動員協會在國民政府總動員令號召之下宣佈成立，本會全體會員誓志奮起，在蔣主席領導下，動員自身，喚起民眾，服從法令，擁護政府，貢獻能力，輸納金錢，戡平赤色縱隊的禍亂，建立民主獨立的中國，本會全體會員一定要繼續發揮十四年來反抗偽「滿洲國」——白色第五縱隊的精神。今天本會用歷史的真憑實據揭破偽黨的本來面目，並鄭重的向同胞、政府、民盟、赤色帝國主義和美國批陳我們的意見。

第一，我們願國內人士認清所謂「中國共產黨」是冒稱革命，實行禍國賣國的赤色第五縱隊、赤色漢奸，不是我國的政黨，決對不能和國民黨、民社黨、青年黨畫成等號，我們決不承認白色帝國主義組織的「中國國民黨」（汪記）為政黨，為什麼承認赤色帝國主義組織的「中國共產黨」（毛記）為政黨，是受異族的指揮，叩願承順，為了指揮者利益而執行革命的，這如何算是革命，真是滑天下的大稽，荒天下之大唐，魚目不容混珠，指鹿不能為馬，為了國家的安全，為了子孫的福利，我們對它必須辯明是非，澈底擊潰。

第二，赤色第五縱隊在我國何以特別猖獗，還不容

我們不作澈底的反省，歷史上第五縱隊的出現都肇因於本國內部發生了不滿不平的情緒，因此我們一面也要澈底動員，剿滅赤色第五縱隊，一面也要顧請政府開誠布公，大刀闊斧，消滅政治的、經濟的、民族的、階級的，以及地域的不平和不滿。

第三，我們要正告「民盟」等等赤色第五縱隊的尾巴，你們原是現代中國的不平不滿的份子，起初未嘗不得同情，只是為了不平不滿便不辨是非，不明順逆，隨聲附和，和赤色縱隊狼狽為奸，未免令人扼腕，你們要知道蘇聯和毛逆澤東是耶律德光和石敬塘的父子關係，國民政府和美國卻是兄弟朋友的關係，偽「中國共產黨」是赤色陰謀家「冊封」的「兒皇帝」，滿口把赤色帝國主義喊為「祖國」，而國民政府僅是美國的一個友邦，你們萬不能把國民政府對美國的友好與以異族為祖國的偽黨等量齊觀，你們如以國家民族的利益為前題從事合法的選舉，保留中國人的立場，也未嘗不可以得到國人的同情，否則第五縱隊的尾巴也一樣要為國人所共棄。

第四，我們要正告赤色帝國主義，第五縱隊戰略載在中國的孫武十三篇，我們對於這套陰謀早以洞若觀火，中國不是侵略國家，親仁善鄰，渴望在平等互惠之下與友邦合作，同時也不是所謂資本主義國家，你們無須來組織第五縱隊和我們為敵。歷史的經驗告訴我們，施行這陰謀戰術的國家必然遭到滅亡，日本如此，希特勒也是如此，相與他們一樣居心的人不問其所採方式如何，其結局也必如此，中國人向你們要求友誼，再不能

容忍你們組織的第五縱隊在我們國境內破壞殺■，為你們執行陰狠的吞併政策。

　　第五，我們要正告盟邦美國，胡佛先生早已在去年夏季宣佈「共產黨是莫斯科指揮的第五縱隊」，而你們也在肅清「破壞份子」，為什麼還授權馬歇爾將軍促開「政治協商會議」苦害中國和他們的人民，也養大了赤色第五縱隊。今天赤色第五縱隊的困擾中國正是對美國作戰，因此援助中國中央政府正是援助美國自身，你們對華的政策協會於本月十七日致函魏德邁將軍警句有云：「今日已屆給予中國以擊敗蘇聯所授意、蘇聯所指示及蘇聯所武裝之共產黨叛亂之時機矣，中國國民政府今日正為吾人而戰。」中國人為了民族自衛而戰，為了世界和平而戰，並不是為了美國，但如美國自認是構成和平的一員，是締造世界和平的一員，相信也應承認中國的戡亂之戰，遏止赤色帝國主義之戰，也未嘗不是和美國並肩作戰，你有對中國合法政府充分援助的理由，同時也有這樣的神聖義務。

附件（三）

東北黨政軍幹部聯席會議秘書處學運指導委員會工作計劃草案

一、方針

1. 提倡勤實篤學，轉移青年風氣。
2. 矯正青年不良思想，堅定青年三民主義信念。
3. 防範奸匪插足學校活動。
4. 根絕奸匪挑撥煽動陰謀。

二、重點

1. 積極領導東北學生思想行動。

2. 加強組訓防範青年誤入岐途。

3. 調查並肅清各校匪方潛伏份子（調查與肅清係兩部門之工作）。

三、組織系統

　　學運指導委員會組織系統如左表：

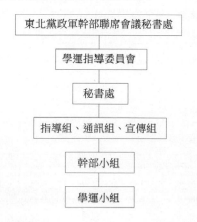

四、機構與職掌

1. 學運指導委員會受東北黨政軍幹部聯席會議之指導並執行該會對學運指導之決議，由剿總部政工處處長任主任委員，各有關學運之機關首長及東大、瀋醫、長白師院、中山中學、省立師專、市立一中、私立成城中學等六校校長為委員。

2. 學運指導委員會設秘書處，由剿總部政工處派任主任秘書，指定工作人員組成之，受主任委員之命主

辦各組之聯繫、公文承轉，及學運組訓工作下設指
導、通訊、宣傳等三組。

3. 指導組由政委會文化處派任組長，遼寧省教育廳
長、瀋市教育局長協助之，負責學運指導工作。

4. 通訊組由中統局派組長，總部第二處、防守司令
部、政工處、稽察處、諜報處、瀋市警察總局、政
治室、保密局、督導室協助之，負責採取各校學生
素日思想行動及其生活狀況之各種情報。

5. 宣傳組由剿總部政工處長任專任組長，並由省市黨
部派員協助之，負責配合指導、通訊等組發動防止
學運學潮之宣傳事項。

五、工作計劃

1. 學運指導委員會秘書處工作計劃

（1）秘書處承轉學運指導委員會之決議，承主任委
員之命令主辦各組聯繫、公文、承轉及學運組
訓工作。

（2）籌辦學生雜誌社（雜誌定名現未確定，有提議
改為「東北學生周報」者），吸收各校優秀學
生為社員，報導青年生活學校動態，砥礪學
行，研究學術，以轉移青年風氣，領導青年思
想為主旨，其經費提請東北黨政軍幹部聯席會
議籌撥之。

（3）以每校為單位組訓優秀學生，成立學運小組，
加強學生領導，推進學運工作，組員以優秀黨
團員為主，各小組人數視各校情形決定之（凡

有三小組以上者得設幹部小組）。

（4）秘書處組訓工作，各校校長及訓導人員切取聯繫，並請校方全力協助之。

（5）學運小組組員經濟確屬困難者，由學指會予以學資補助，並對其升學就業之困難酌予解決。

2. 指導組工作計劃

（1）聘請專家學者分赴各校講學，以提高青年政治意識，激發青年愛國熱情。

（2）定期發佈青年指導文獻，派專人或交各校訓導人員轉向青年講授，指示奸匪陰謀，矯正青年不良思想，疏導其苦悶情緒，以發揮青年優良本能。

（3）指導各學運小組務求健全，以為一般青年之楷範，以收潛移默化之效。

（4）指導學運小組爭取游離旁皇青年，吸收優良純正學生。

（5）責成各校訓導人員注意，並引導學生思想。

（6）對工作忠實優良之幹部予以進修之機會。

3. 通訊組工作計劃

一、工作範圍

（1）屬於學校方面者：

調查學校設備、經費、教職員學生總數、學校行政人事、授課及卒業學生升學就業等概況。

（2）屬于教職員方面者：

調查各校校院長、教職員學資歷背景、領導能力、工作情緒、交際活動、日常言行及對同寅

同學間之感情，其教授會或其他學術研究團體
組織情形及領導人參加人姓名。

（3）屬于學生方面者：

調查自治會刊物、活躍份子、秘密結社、學生
日常讀物、不穩宣傳品之來源。

二、組織

（1）原則

以各校訓導處、教職員、學生三類為對象，以
二重方式分別組織之，訓導處蒐集資料向本會
通訊組負責，教職員每十人、學生每五十人中
佈置一人為原則，連繫辦法以縱的方式，嚴禁
橫的發生關係。

（2）辦法

由政委會密令各校訓導處直接受本會通訊組指
導，並逕與本組取得連繫，委派堅實同志或以推
薦保送方式加入，活動經費及獎懲辦法另定之。

三、通訊辦法：

（1）定期報告事項

或按週次或按月次報告「靜」、「動」態事項。

（2）臨時急報事項

針對倡發事象迅為報告，用以研究對策。

（3）技術

視情節酌用書面口頭電訊，但須注意保密。

4. 宣傳組工作計劃

（1）目的

（一）糾正青年直覺觀察。

（二）提高青年政治意識。

（三）克服青年操切心理。

（2）辦法

（一）寓宣傳於講學

由黨政軍聯席會議秘書處聘請政府機關中或其他名流學者，對建立青年正確思想與滌除其錯誤觀念之各項問題，有特殊見地者應令輪流至各校作專題講演。

（二）寓宣傳於教學

除自然科學教師外，各校教師應時予指示或加以組織，俾于講授之時利用機會隨時將應宣傳之理論與事實加以引證，闡明以收潛移默化之效。

（三）掌握各校訓導人員進行宣傳。

（四）利用加入學運組織之學生進行宣傳。

（3）指導

（一）宣傳組應時時留意學生動態，針對實況擬訂宣傳要旨。

（二）對奸匪言論應及時以理論與事實于宣傳上予以反擊。

六、本計劃如有未盡事宜得經大會議決或主任委員指示隨時修正之。

其十　砲兵

一、業務之區分

砲兵指揮部之業務區分為三組：

1. 作戰組

司對砲兵使用計劃與一般調遣之意見具申。

2. 裝備組

司對火砲、器材、彈藥之補給與車輛、器材保管之考核。

3. 教育情報組

司砲兵部隊之教育訓練、成績考核與搜集教育資料並調查匪軍砲兵部隊之調遣。

二、指揮系統（如附表一）

三、作戰概況

1. 砲兵兵力

本轅直轄砲兵出關接收之際僅有重迫砲十一團，基於東北戰局之需要先後增調砲兵第十六、第十二、第七各團，多數裝備完整，戰力充實，雖微有戰損，並由本轅統籌補充，仍不失為軍中之骨幹。又軍師屬砲兵營除新一軍、新六軍、五十三軍尚屬完整外，餘均殘缺不全，經年來之積極補充，大體均臻完備，用能馳驅戰場，發揚砲兵威力，達成神聖之使命。

2. 參戰概述

本年二月德惠長春戰役及五月間之四平會戰，九月

間共匪之全面攻勢各戰役中，除我軍師砲兵營發揮極度之威力外，本轅直轄砲兵尤以砲十二、十六、十一各團，賴本轅靈活運用集中控制與將士之用命，均能在各戰役中克奏厥功，開勝利之途徑，如德惠戰役中我五十師僅有山砲一營及配屬之重迫砲一連，而能協助步兵與匪七十餘門之優勢砲兵相持，竟能固守五十餘日之久，終於解圍，其得力該師山砲營、軍榴砲營及重迫砲第一營之協力實多。

五月間四平會戰時，守備市區砲兵除七一軍榴砲營及九一師山砲營外，尚有五三軍之榴砲營協助守軍，與匪號稱百門火砲之優勢砲兵相持四十餘日之久，我軍基於四平戰役為東北戰局之轉扭點，特由南北同時策應增援，期將共匪主力殲滅於四平外圍，南下兵團之砲兵除新一軍榴砲營及新三十師兩個山砲營外，尚配屬重迫砲第一營，北上兵團之砲兵除新六軍、九三軍等建制砲兵外，另配屬砲十二團第一營、砲十六團三個營及重迫砲十一團之第二營，由本轅統一指揮，集中使用，配合增援部隊及守軍內外夾擊，尤以對匪司令部、砲兵陣地及重要據點集中火力施行猛烈射擊，殲滅共匪數以萬計，誠為我砲兵部隊數年來所僅見之戰績，亦允為砲兵在吾國戰場上變為主兵之先聲。尤以砲十二團第一營對紅頂山企圖突擊之大股匪軍施行空前猛烈之射擊，於一小時內發射砲彈十五噸之多，又匪之高級指揮官於工事內召集會議時被我集中砲火直接命中，致全數死亡，匪經此一擊已全線動搖，達成殲敵致果之偉大使命。

九月間共匪發動全面攻勢時，由於共匪之到處流

竄，雖未能集中使用，然均能於每一小型戰役中獲得較大效果，如遼西戰役中錦西、黑山、新民諸戰役，我軍迫砲十一團之二個連及砲十六團之一個營協助步兵達成殲敵之效果，又如南雜木營盛戰役中我以砲兵一排協助步兵固守一週以上，屹立未動，致我援軍配屬砲兵一連有充分時間包圍殲滅匪軍兩個縱隊，而收殲敵實效。

四、教育訓練

本轅遵照軍隊教育令之要旨，參照美式砲兵教育之方法及剿匪作戰之經驗教訓，為適要戰場需要，加強所屬砲兵部隊學術與技能，計擬定整訓教育計劃頒發實施，並隨時督導考核，予以指示改正。

1. 幹部教育

（一）軍官教育之目的在使涵養其品德，增進其學術技能，俾各級幹部具有訓練統馭指揮之能力，以克盡職責，達成骨幹兵種之任務（教育預定表如附表二）。

（二）軍士以團或營為單位，指定優秀軍官負責抽調集中訓練，補其所短，發揮其所長，使各單位全體軍士動作一致。

2. 部隊教育

砲兵戰鬥主要在於適時將熾盛之火力指向所望之地區，以摧毀敵人，故其教育除注重射擊與運動之技能外，對觀測、通信、駕駛諸動作亦應注意熟練，而與其他兵種之協同教育，利用機會訓練之。

（一）教育方法

按照準備講解示範，實施測驗檢討及競賽等步驟，實施訓練。

（二）積雪地戰鬥特殊教育

東北地理特殊，逼進寒帶，冬季戰鬥中由於積雪、嚴寒、晝短諸關係，致影響戰鬥行動，故首先使官兵養成耐寒之習慣與生活方式，並研究雪地戰鬥及冰川戰鬥之動作而切實訓練。

（三）砲空連絡訓練

本轄為備現代戰場之需要，特擬定砲空連絡訓練計劃，由駐瀋陽之砲十二、十六團與空軍第一軍區司令部派機舉行砲空連絡訓練。

3. 部隊整訓情形

本轄除督訓各軍師榴（野）山砲營外，有重迫擊砲十一團及砲七、十二、十六等四個獨立砲兵團，均於戰地中實施整訓，並於第六次戰役後除重迫砲十一團，因任務關係過於分割，僅第二營集中鐵嶺，其餘各砲兵團已先後集結瀋陽整訓。

五、視察砲兵部隊

本轄為明瞭各砲兵部隊人員補充、馬匹飼養、武器、器材車輛裝具之保管情形及教育進度實施狀況與戰鬥力量起見，特舉行部隊視察其實施概要如次：

1. 視察項目及著眼點

（一）人馬數量及保育情形。

（二）官兵素質。

（三）教育進度及設備實況。

（四）現有武器器材車輛裝具之保管情形。

（五）環境衛生及軍風紀之調查。

（六）工事之構築及設備。

2. 視察方法

（一）視察時以全團集中為原則，依情況必須分散
時，則以營或連為單位集中舉行。

（二）視察時由受視察部隊呈出官佐簡歷冊、士兵箕
斗冊、馬騾清冊、武器器材裝具車輛報告表統
計表及工事構築要圖，其所列數量須與實地檢
查相符。

（三）視察時先以普遍檢查詢問為原則，必要時實行
抽查軍官並以團為單位舉行考試。

（四）視察學術科目臨時指定之。

3. 視察情形及改進意見

（一）十一月上旬視察砲七團，費時三日，以該團擔
任瀋陽防守區砲兵隊任務，故除教育、武器、
人馬、裝具等一般視察外，並視察陣地工事其
優劣及改進意見（如附表三）。

（二）年終視察原定於十二月二二日起開始舉行，以
戰局驟變緊張暫緩舉行。

六、裝補情形

1. 火砲之補充情形

本轅先後補充各軍師之火砲，計有第八八師日造
70 步兵砲十二門，第八七師日造 70 步兵砲十二門，第

一八二師日造 70 步兵砲四門，暫二一師日造 70 步兵砲十二門，第一六九師日造 70 步兵砲十二門，新二二師日造 70 步兵砲九門，第一九五師日造 70 步兵砲十二門，第五四師日造 70 步兵砲八門，綜計補充 70 步兵砲六十九門。另有第二〇七師四一式山砲四門及 77 野砲二門，及二〇七師、一四師、一九五師、五四師、九一師等 57 戰防砲共三十門，各軍師及直轄砲兵團火砲數量統計表（如附表四）。

2. 觀測器材補充情形

補充各軍師之六倍望遠鏡綜計三九五具，中正式指北針一四八具，普通式指北針一三一具，野戰砲測量計算器一套，撥補觀測器材（如附表五）。

3. 馬騾補充情形

直轄各砲兵團馬騾之補充砲兵第十六團計六百匹，砲兵第七團計三百匹，另經聯勤總部核准之七百七十匹正在加緊購補中。

各直轄砲兵團車輛馬匹統計表（如附表六）。

4. 各砲兵部隊觀通器材數量統計（如附表七）。

5. 各軍師砲兵及直屬團火砲數量統計（如附表八）。

附表第一　本行轅砲兵部隊指揮系統表

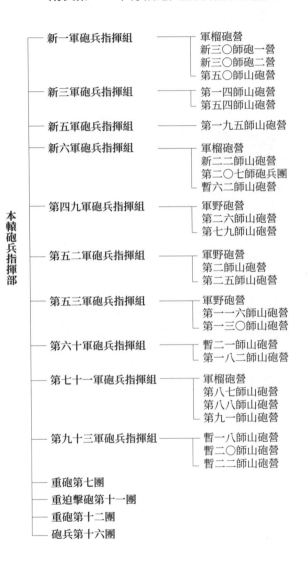

本行轅砲兵指揮部

- 新一軍砲兵指揮組 — 軍榴砲營／新三〇師砲一營／新三〇師砲二營／第五〇師山砲營
- 新三軍砲兵指揮組 — 第一四師山砲營／第五四師山砲營
- 新五軍砲兵指揮組 — 第一九五師山砲營
- 新六軍砲兵指揮組 — 軍榴砲營／新二二師山砲營／第二〇七師砲兵團／暫六二師山砲營
- 第四九軍砲兵指揮組 — 軍野砲營／第二六師山砲營／第七九師山砲營
- 第五二軍砲兵指揮組 — 軍野砲營／第二師山砲營／第二五師山砲營
- 第五三軍砲兵指揮組 — 軍野砲營／第一一六師山砲營／第一三〇師山砲營
- 第六十軍砲兵指揮組 — 暫二一師山砲營／第一八二師山砲營
- 第七十一軍砲兵指揮組 — 軍榴砲營／第八七師山砲營／第八八師山砲營／第九一師山砲營
- 第九十三軍砲兵指揮組 — 暫一八師山砲營／暫二〇師山砲營／暫二二師山砲營
- 重砲第七團
- 重迫擊砲第十一團
- 重砲第十二團
- 砲兵第十六團

附表第二
國民政府主席東北行轅所屬砲兵部隊
軍官團教育課目預定表

週次	課目	時間	備考
第一週	教育方法之研究	三小時	
第二週	射擊－前方觀測法	三小時	黑板
第三週	射擊－前方觀測法	三小時	外膛砲
第四週	射擊－前方觀測法	三小時	外膛砲
第五週	射擊－小法	三小時	黑板
第六週	射擊－小法	三小時	外膛砲
第七週	觀測－基礎陣地前地測地	三小時	課堂研究
第八週	觀測－基礎陣地前地測地	四小時	野外實施
第九週	戰鬥教練－連陣地偵察及佔領	四小時	沙盤演習
第十週	戰鬥教練－連陣地佔領及變換	四小時	沙盤演習

附表第三
國民政府主席東北行轅視察砲兵第七團
經過情形及改進意見表

項目	視察情形	改進意見
陣地工事	（一）陣地配備係根據防守司令部頒發之瀋陽防守計劃而決定之，全地區砲兵火網不能交叉，西南及東南地區空隙太大 （二）各連陣地構築太簡單，人員彈藥掩體多不適用，一般陣地間隔太小，無縱深配備，遇射向轉移。各砲即行重疊 （三）七、九連觀測所均在射擊陣地後方，第六連觀測所與射擊陣地在一地	（一）該團火砲射程較短，動力不夠，應顧慮全地區火網構成，對陣地加以調整以補火砲射程之不足 （二）應由團統一規定利用人力及時間儘量加強工事，尤應多構築預備陣地 （三）應多設補助觀測所，利用前方觀測法或觀測所推進始能達成觀測任務

項目	視察情形	改進意見
人事	（一）全團官佐按編制僅缺十三員，軍官中本兵科出身者佔四分之一，排長階級多非本兵科出身，對教育作戰難達成任務 （二）士兵按全團編制只缺二名，通信連、第九連、第三營營部不滿服兵役年齡士兵甚多，及第二連通信連有眷屬佔戰鬥兵缺 （三）第一連差假報四四名，經查特務長伙食賬及值星官點名冊均與冊報數相差廿餘名，又第五連查有冒名頂替士兵廿餘名	（一）應多吸收本兵科幹部對人事速行調整 （二）不足服役年齡者應嚴予淘汰，眷屬佔戰鬥兵缺應予除名，以充實戰力 （三）第一連連長王世紳以少報多，人事不清，著予撤職留任，以觀後效，第五連連長劉伯銘借兵頂替，著記大過一次
馬匹武器器材裝具	（一）第一、二營僅有編制馬匹半數，而一般飼養均差，第三營尚無馬匹 （二）火砲保管尚可，營連觀測器材保管良好，步手槍擦拭太差，指北針缺少 （三）火砲缺少砲衣、砲口帽，鞍具缺少伎條及鞍墊	（一）不足馬匹已飭第六補給區購補，現有馬匹應善加愛護保養，以保戰力 （二）武器應不記輕重，妥加保管，指北針另案呈請飭第六補給區補充 （三）砲衣、砲口帽另飭兵工廠代製，鞍具、鞍墊由該團查清報轅再轉補給區配備
教育及設備	（一）團營連均無教育設備 （二）無軍官軍士教育計劃 （三）士兵很多不知主官姓名，對黨團認識太差 （四）戰鬥教練幹部動作生疏，第六連一個連射擊區域內選原點五個	（一）應多調製圖表，利用沙盤模型及內腔砲射擊場多作演習訓練 （二）軍官應每週由團出題作答案及召集軍官統一研究規定動作，軍士由營利用機會教育每週集訓一、二次 （三）應利用早晚點名時作精神講話並加強政治教育，俾養成忠黨愛國之信念 （四）應多作演習訓練，遵照典令研究改進，第六連選擇原體過多根，射擊教範第三章第三十三條應更正

附表四　國民政府主席東北行轅各師大砲補充數量表

部別	補充種類			
	57 戰防砲	70 步兵砲	75 山砲	77 野砲
第一四師	6			
第五四師	4			
第九一師	4			
第一九五師	4			
第二〇七師	12			
暫一八師		10		
第八七師		12		
新二二師		9		
第一六九師		12		
第五四師		12		
第一九五師		12		
第二〇七師			4	2
合計	30	67	4	2

附表五
國民政府主席東北行轅補充各軍師觀測器材數量表

部別	補充種類		
	六倍望遠鏡	指北針	備考
新三〇師	20		
	80		
第一六九師		107	中正式
		79	普通式
五二軍	10		
第二師	10		
第二五師	30		
第一九五師	20		
	30		
暫三〇師		41	中正式
		52	普通式
第六〇軍	10		
第一八二師	10		
第一八四師	30		
第二一師	10		
第七一軍	20		
第八七師	30		
第八八師	30		
第九一軍	30		
第九三軍	8		
第五四師	6		
工兵十一團	8		
工兵十二團	3		
合計	395	279	

附表六
國民政府主席東北行轅各砲兵團車輛馬匹統計表

部別	車輛	馬匹
砲兵第七團	4	672
砲兵第十一團	232	
砲兵第十二團	234	
砲兵第十六團		898
二〇七師砲兵團	7	343
合計	477	1,915

附記：
一、砲兵第七團尚缺馬匹七百七十匹，業經奉准價購。
二、本至根據各團月報表所製。

附表七
國民政府主席東北行轅所屬各砲兵部隊
觀通器材數量統計表

部別 \ 觀測器材	測斜儀	剪形鏡	方向盤	測遠機	望遠鏡	指北針
砲七團	9	12	16	13	95	
砲十一團			12	8	47	182
砲十二團	12	9	24	12	56	36
砲十六團	6	13	12	18	87	6
二〇七師砲兵團		1	7		17	
新一軍榴砲營		1	3		9	94
新六軍榴砲營		2	5		8	13
四九軍野砲營		2			48	
五二軍野砲營			1		24	
五三軍榴砲營		2	7		12	17
六〇軍砲兵營		2	5		17	
七一軍榴砲營		4	5		30	
新二十二師砲兵營	2	4	8		8	4
新三〇師砲兵營	1	7	9		33	314
新三十八師砲兵營	1	3	5		33	
新五〇師砲兵營	1	3	6		11	60
第二師砲兵營		3	4		10	23
第一四師砲兵營		4	8			
第二十五師砲兵營					30	65
第二十六師砲兵營		2			26	52
第五十四師砲兵營		1	1		6	1
第七十九師砲兵營		1			20	
第八十七師砲兵營		1	3		35	
第八十八師砲兵營		1	2		31	
第九十一師砲兵營					30	
第一二〇師砲兵營		4	8		14	19
第一六九師砲兵營					6	13
第一八二師砲兵營			5	1	40	13
第一九五師砲兵營		1		2	2	4
暫一八師砲兵營		2	4	4	10	
暫二〇師砲兵營		3	7	1	10	
暫二十一師砲兵營						
暫二十二師砲兵營		1	2	2	3	
合計	32	91	169	61	823	915

通訊器材 部別	總機	無線電機	電話機	輕被覆線	重被覆線
砲七團	11	4	122	163	
砲十一團	15	26	159	129	56
砲十二團	33	53	217	266	137
砲十六團	6	4	88	27	27
二〇七師砲兵團	5	2	32	40	60
新一軍榴砲營					
新六軍榴砲營					
四九軍野砲營	1		10		10
五二軍野砲營					
五三軍榴砲營	5	13	23	123	100
六〇軍砲兵營					
七一軍榴砲營					
新二十二師砲兵營	5	11	26	15	8
新三〇師砲兵營					
新三十八師砲兵營					
新五〇師砲兵營					
第二師砲兵營					
第一四師砲兵營					
第二十五師砲兵營					
第二十六師砲兵營	1		4	7	
第五十四師砲兵營	5				
第七十九師砲兵營	1		4		7
第八十七師砲兵營					
第八十八師砲兵營					
第九十一師砲兵營					
第一二〇師砲兵營	4	11	32	2	8
第一六九師砲兵營	1		6	5	5
第一八二師砲兵營	4	7	29	14	8
第一九五師砲兵營					
暫一八師砲兵營					
暫二〇師砲兵營					
暫二十一師砲兵營	1			4	12
暫二十二師砲兵營					
合計	138	99	131	716	388

附記：
一、本表係根據各部隊十一月份以前月報表所製。
二、各軍師通信器材係由通信指揮部統計，故未列入。
三、第一一六師砲兵營武器，其損失狀況尚未報部，故未列入。

附表八
國民政府主席東北行轅各軍師及直屬團隊
火砲數量統計表

部別		砲種	數量
新一軍	第五〇師山砲營	美七五山砲	8
	新三〇師山砲二營	美七五山砲	9
	新三〇師山砲一營	美七五山砲	5
	軍屬榴砲營	美一〇五榴砲	12
新三軍	第五四師山砲營	日七〇步砲	8
		美七五山砲	2
	第一四師山砲營	美七五山砲	12
新七軍	新三八師山砲營	美七五山砲	9
新五軍	第一九五師山砲營	日七〇步砲	12
新六軍	第一六九師山砲營	日七〇步砲	12
	新二二師山砲營	日七〇步砲	9
		美七五山砲	3
	軍屬榴砲營	日七五山砲	4
		美一〇五榴砲	8
四九軍	第七九師山砲營	日七五山砲	6
	第二六師山砲營	日七五山砲	10
	軍屬野砲營	日七五野砲	9
五二軍	第二五師山砲營	日七五野砲	2
	第二師山砲營	美七五山砲	7
	軍屬野砲營	日七五野砲	12
五三軍	第一三〇師山砲營	美七五山砲	10
	第一一六師山砲營	美七五山砲	已失
	軍屬榴砲營	美一〇五榴砲	12
六〇軍	第一八二師山砲營	日七〇步砲	4
		美七五山砲	8
	暫二一師山砲營	日七〇步砲	12
七一軍	第九一師山砲營	美七五山砲	5
	第八八師山砲營	日七〇步砲	12
	第八七師山砲營	日七〇步砲	12
	軍屬榴砲營	美一〇五榴砲	5
九二軍	第二一師山砲營	七五山砲	6
	第四三師山砲營	七五山砲	4
九三軍	暫二二師山砲營	日七五山砲	6
	暫二〇師山砲營	日七五山砲	12
	暫一八師山砲營	日七五山砲	10

部別		砲種	數量
二○七師	整編二○七師砲兵團	日七七野砲	2
		日七五野砲	12
		美七五山砲	8
		日七五山砲	4
		日一○五榴砲	4
各砲兵團	砲兵第十六團	日七五野砲	36
	砲兵第十二團	美一五五榴砲	36
	砲兵第十一團	美四二迫擊砲	75
	砲兵第七團	日一五○榴砲	30
合計			484

其十一　工兵

一、構工

1. 守備工事

（一）方針

　　本戰區為確保各戰略要點，期以少數守備兵力達成獨立固守之目的，特於各戰略要點及戰術據點、資源地等，適應地形編成骨幹之縱深陣地，構築堅強之防禦工事，以資固守。

（二）指導要領

（1）計劃各地應構築防禦工事之數量及強度，由本轅分別輕重指定構築之，其駐軍即根據本轅所指定原則，適應當地地形編成陣地，策定構築計劃，報呈本轅核備後實施。

（2）設計

　1. 野戰工事、野戰各種工事設計，係根據野戰築城教範所示原則及圖樣構築之。

　2. 半永久碉堡之圖樣均係根據國防部頒發之碉堡業務概要所示圖樣構築，多為高姿（雙層）碉堡，致目標甚為顯明暴露，現以匪軍火器日漸增強，已逐漸暴露，顯明之高姿碉堡變為低下蔭蔽之伏地碉堡。

　3. 永久碉堡之圖樣係由本轅設計，頒發各部隊參照構築，先係以班為設計單位，高低姿式並用，嗣為求分散減少目標及損害並節約材料，設及將永久碉堡之圖樣由高姿而變為低姿，由

班而半班式機槍掩體，使所有武器均能要求發
揚其火力為設計之主眼，經已通令各部隊參照
實工。

（三）督導

本轅負全戰區工事督導之責，除隨時對各地工事構
築製定各種計劃辦法通令指示實施並飭各高級司令部監
督指導，本轅亦隨時派員前往督導視察。

（四）施工

各地施工除野戰工事由駐軍負責構築外，永久工
事、城寨工事均係由地方政府、民意機關會同當地守軍
合組構工委員會專責實施，亦有對特種技術構築永久工
事招商承築者。

（五）構工經過

（1）處理概要

查東北收復區各要點守備工事，自國軍出關以
來即本固點據面之原則，分別於各要點據要構
築閉鎖式堡壘之據點工事，其抗力為多野戰及
半永久者，至本年四月間吉長會戰後，因見於
奸匪之到處流竄，以國軍之力量實難期處處設
防，為使面之守備確實，必須利用地方武力加
強地方守備力量，乃本深溝高壘之原則，設
計各種城寨工事圖樣頒發各部隊及地方政府遵
照，於縣市築城，鄉保築寨，並規定由駐軍負
責計劃督導，由地方政府專責徵工徵料構築。

（2）要點工事

迨至本年八月因見於匪氛日猖，其裝備亦日益進

步，尤其砲火因得某國際之支援而大為增強，遠非一般流匪所可比擬，故過去所構築之半永久野戰工事其抗力實感不足，乃於巳冬指定於瀋陽構築三師兵力，長春、永吉（包括小豐滿）、四平各構築一師兵力，鐵嶺、遼陽、鞍山、撫順、新民、錦縣、錦西、葫蘆島等八處各構築一團兵力（共十二處）之永久骨幹工事，以城寨及野戰工事補助之，除呈主席蔣、總長陳核備外，並設計各種永久工事圖樣頒發各部隊負責督導，並分飭各地方政府專責籌款籌料構築之，嗣於九月間為增強要點，再指定於開原及營口構築二營之永久工事。

（3）據點工事

上列各戰略要點外，為鞏固各要點之戰術據點，如老爺嶺、公主嶺、八面城、梨樹、營盤、關門山、雞冠山、連山關、貂皮屯、柴河、崗平等十一處各構築一連兵力之永久工事，嗣以戰況及款料關係，均已暫緩構築。

（4）資源地工事

為確保各資源地，曾分電各礦區分別於北票、阜新、本溪、營城子等及前項指定之資源地各構築二營兵力之永久骨幹工事，以資固守。

（六）款料籌措

各地構工所需款料及民工等，均係由地方政府會同民意機關專責辦理，本轅並遵照主席蔣卅五申佳防戰作工電「為保護地方或資源機關所構築之工事其經費應由

地方政府或有關部門支給之規定」制定「構築工事籌
措各工費暫行辦法」（如附件三），於午魚通令各部隊
及地方政府、資源機關及其他有關機關遵照實施，去後
因該項費用浩大，各地方政府均苦於接收伊始，戰患未
已，天災人禍，民不聊生，紛紛請撥專款補助，本轅為
顧事實之困難及施工之進展均配量地方擔負之能力，分
別輕重緩急，酌撥專款補助，並於構築永久工事之各要
點由本轅購發所需水泥、鋼筋、鋼板、刺絲等主要材料
（詳細數量如附表一），俾使速予竣工，加強防禦力，
並於戌微將各地所發款料彙呈主席蔣報請核備在案，旋
因以往部隊因構工徵用地方或個人及國營事業與敵偽資
產接收機關材料請求償還或作價付現者甚多，在國家經
濟困難之現況下，政府固無力償還，而地方政府因財力
所限亦難勝任，為減輕國庫擔負及不使地方被徵用之個
人或機關遭受重大損失起見，特規定「已往徵工徵料清
理辦法」（如附件第四），通令各部隊、各地方政府、
資源機關及事業機關遵照辦理

（七）防凍施工及停工辦法

　　各地工事迄本年十月尚未完成，因東北氣候奇寒，
小雪後即結冰，本轅為期於各地永久工事勉力完成計，
特制定結凍期間施工防凍辦法（如附件第一），頒發各
施工單位參照實施，旋以氣候急變至零下卅度左右，混
凝土工程實難勉強施工，為顧及經濟上之損失及工事之
抗力計，復規定結凍期間各要點永久工事停工籌料及材
料保管辦法（如附件第二），通令各單位遵照實施，現
各地均已遵照辦理。

（八）完成程度

迄本年十一月各地半永久野戰及城寨工事均已先後完成，永久工事除瀋陽、長春、吉林、鐵嶺等地已大體完成外（詳細如附表一附圖一），餘均因款料遲延或戰況關係，致尚未完工，刻因氣候奇寒，永久工事施工甚感困難，各地均已停止構築，俟明春解凍後再行興工。

2. 護路工事

（一）方針

遵照主席蔣卅五子皓申府軍機電「東北部隊以保護鐵路為第一」之指示，於各鐵路沿線諸重要設施（車站、橋樑），以各該路交通恢復情形，分段分期構築護路碉堡，俾確保交通之安全。

（二）構工原則（北寧路在外）

（1）車站

視其大小、重要性構築一座或二至四座。

（2）橋樑

1. 全長三十公尺以下者；

2. 全長三十公尺至一百公尺者構築一座或於其兩端各築一座；

3. 全長百公尺以上之大橋樑則於其端各築二座。

（3）如擬構築位置有前敵偽所建永久碉堡，則酌減構築或免築。

（三）設計

（1）碉堡強度

以鋼筋、水泥、鐵板、木料等材料築成，其抗力以抵禦一〇五榴彈砲一發命中為原則，分單層及

雙層兩種設計之，俾使適合地形及戰術需要。

（2）幅員

每座碉堡以能容步兵一班獨立守備為主（住宿、糧彈、水均在內），並另裝設電燈、電話等。

（3）附屬設備

均係依照野戰築城教範所示圖例構築之：

1. 儲水井、廚房及廁所等設於接近碉堡入口處。

2. 輕機關槍座：於碉堡週圍各重要處所構築三至五處，並於交通壕與入口相互連接。

3. 障礙設備：根據 2 項輕機槍座射向，於碉堡週圍設置屋頂形之鐵絲網（通路設置拒馬等移動性障礙物），外壕並另築小陷井及鹿砦等（均須偽裝）。

（四）經費及施工（北寧路瀋陽、楊村間永久碉堡三八四座在外）

（1）經費

為避免公文往返費時影響施工起見，准交通部卅六午微路工電請各鐵路沿線護路碉堡工料費均由本轅先行就近核墊，並電交通部轉賬歸墊，另由各鐵路局承築單位編造預算呈交通部核備。

（2）施工

以東北工兵部隊不敷調配，故均由各有關鐵路局承築，而由前長官部及本轅派員擔任位置勘定及有關軍事技術方面作業指導。

（3）本轅墊發各鐵路沿線護路碉堡工料費及其構築概況詳如附表（附表二）。

（五）處理經過及完成程度

（1）中長路

該路營口－松花江段護路工事構築計劃，於去（卅五）年底即由前長官部策定，計永久碉堡九六座、半永久碉堡二二七座，於本（卅六）年二月准聯勤總部電復「應准備查惟所有永久碉堡可統改為半永久者以節公幣」，除原計劃半永久碉堡二二七座飭護路部隊分段負責構築並相繼完成，僅前交警拾肆總隊所築一〇八座報由前長官部備查外，餘均未報。嗣於五月以半永久碉堡易遭摧毀，且原計劃永久碉堡九六座均係位於該路重要處所，更以東北兵力有限，構工部隊實難抽調，復由長官部電請聯勤總部仍照原計劃構築，並將永久碉堡九六座改由中長鐵路管理局負責構築，由該部派員擔任碉堡位置之勘定及有關軍事技術作業之指導，經復應准備查後，即電中長鐵路管理局先行構築鞍山－鐵嶺段永久碉堡第一、二座（該局分三批構築第一、二批各十座，第三批十三座）。爾後於八月末為求減輕國庫負擔，且能維護交通重要設施起見，復由本轄將該路營口－松花江全段碉堡核減為八九座，除長春－松花江段一六座因屆時交通尚未修復無法興築外，營口－長春段七三座均經本轄先後墊款興築，截至本（卅六）年底止其完成程度如左：

1. 千山－鐵嶺段二六座已於十一月全部完成，並交由交通部第二交警總局派警接收完畢。

2. 鐵嶺－開原段三座至十二月中旬內二座完成百
分之八十以上，餘一座完成基礎，以十二月中
旬奸匪復行竄擾，均被迫停工。

3. 營口－千山段及開原－長春段共四四座，其位置
勘定後，中長路、北寧路會戰結束，交通恢復後
已時入十一月，東北各地復連降大雪，氣溫驟
降，混凝土施工已達極困難階段，故為免徒耗公
款及嚴冬所完成之碉堡防來春解凍後崩潰起見，
遂電令中長路局暫行停築，但須籌齊材料俟來年
氣候及情況許可構築時，除人工費可按當時物價
酌予調整外，材料費不得再請追加。

（2）瀋吉路及錦長路錦承段（含北票支線）該二路護
路工事構築計劃，於本（卅六）年六月由前長官
部策定計劃永久碉堡瀋吉路一六五座、錦承段
一六二座，呈奉國防部核准構築，五月四平會戰
開始，為求集中兵力圍殲四平頑匪，致瀋吉路營
盤－西陽（均不含）段及錦古路朝陽以西之大
部車站相繼棄守，遂未能令各有關鐵路局即刻興
築。謹將其構築經過及完成程度列左：

1. 瀋吉路

（1）瀋陽－撫順段：該段計十三座，於六月間電
交瀋部東北運輸總局飭瀋陽鐵路局興築，十
月全部竣工，並由交通部第二交警總局派警
接守。

（2）撫順－營盤段：該段原計劃九座，經本轅於
八月末將瀋吉全線一六五座（瀋撫間十三座

因當時均已完工過半，未行核減）後，該段僅餘六座於十月初開工構築，俟以十、十一月中長路、北寧路會戰影響，截至月前僅完成五座，餘一座已完成過半，惟於十二月中旬承築工人不慎將防寒設備之稻草引燃，復將完成部份燃毀，現正積極復工另築中。

（3）永吉－西陽段尚未興築。

2. 錦古路錦承段（含北票支線），該段一六二座於八月末由本轄核減為一三四座並令交通部東北運輸總局轉飭錦州鐵路局先行興築錦州－朝陽段（含北票支線）四四座，但位置始行勘定。中長路北寧路會戰即行開始待會戰結束交通恢復後，因十一月末旬氣候趨於嚴寒，遂令路局暫緩構築，惟須籌齊材料，爾後興築時除人工費可按當時物價酌予調整外，材料費不得請求增加。

（3）潘安路：蘇家屯至安東全路沿線碉堡位置及數量於六月中旬由前長官部派員偵察，計共永久碉堡一六一座，復於八月末由本轄核減為九六座，除本部總站至安東段七四座因四平會戰後均陷身不克興築外，蘇家屯本部總站（含）二二座即令交通部東北運輸總局轉飭瀋陽鐵路局開工構築，其完成程度（截至十二月十五日止）如左：

1. 全部完成者四座。

2. 完成百分之七〇以上者八座（內三座於十二月中旬匪軍竄擾時殘毀）。

3. 完成百分之六十以上者五座（內一座於十二

月中旬為匪摧毀），完成百分之五十左右者
五座。

右二、三、四項碉堡一八座，原可於年底竣工，
俟以十二月中旬奸匪復於該線附近竄擾並破壞
交通設施而未完成，內有數座被毀，現沿線匪
雖肅清，但交通尚未恢復，且天氣嚴寒，施工不
易，已飭有關路局暫時停築，俟解凍後再行復工
續築。

（4）北寧路

1. 瀋陽－楊村間：該段原設計永久碉堡三八四座，
   除內七座以受地形限制經電國防部准予免築，
   三六九座均全部於去（卅五）年完成並於本（卅
   六）年八月由國防部派員驗收給證外，尚餘八
   座，其材料雖經發足該構工部隊（九四軍），因
   調防及材料運輸關係，直至國防部驗收時尚未開
   工，當經國防部派員之指示，於驗收完畢後電請
   保定綏署孫主任轉飭九四軍繼續構築，並於竣工
   後逐報國防部備查（全係由前長官部承辦）。

2. 瀋榆段：巨流河大橋、繞陽河站東卅八號橋，
   本轅鑒於該二橋位置重要且全長均在五百公尺
   以上，為免一旦遭匪破壞，修復不易，致使交通
   受阻，影響戰機起見，特於十月電請交通部東北
   運輸總局轉飭錦州鐵路局於該二橋橋頭各增築大
   型永久碉堡（能容重機二挺、輕機三挺）一共四
   座，俟中長路、北寧路會戰開始，瀋榆交通殘遭
   破壞，直遲至十一月中旬交通恢復始行開工構

築，迄十二月十五日止其基礎均告完成，其後即增設防寒設備，始混凝土工程之施工迺於十二月中旬末，奸匪又於該瀋錦段鐵路兩側竄擾，致使該項工程被迫停工。

（5）蘇撫段

該路護路工事係由本轅電令瀋陽鐵路局警務處選派轉業之工兵軍官遵照本轅指示原則赴現地偵察勘定，計永久碉堡一三座，於十月初全部開工，惟俟基礎均告竣工後，氣候即趨嚴寒，遂令籌足材料俟來春再行續築，惟屆時除人工費可依當時物價酌予調整外，材料費不得再請追加。

（6）其他

吉長、新義等以交通不時受阻，尚未偵察，俟來春情況許可後即行偵，並視交通恢復之先後逐次電飭有關鐵路局構築。

二、搶工

1. 鐵路

（一）指導原則

以適應軍事需要，便利運輸，補給靈活，以戰局推進轉移情形配合作戰計劃，而隨時飭各鐵路局派工隨時搶修，並飭沿線防護部隊同時派兵掩護搶修人員安全，協助增強工作效率。

（二）搶修經過

（1）瀋榆線

奸匪雖迭次分段破壞，然為顧及該線關係東北全

般部隊之運輸補給，經前後屢行修復，自十二月中旬奸匪又先後強行破壞多處，現正由沿線防護部隊掃蕩掩護搶修中。

（2）錦古路

本年初曾修通至承德東六三公里處上谷車站，未得全段修通，而葉柏壽、朝陽兩站相繼棄守，至十月間錦義段又遭破壞，雖經修復，終再於最近又被毀，現正俟戰況轉進再謀修復。

（3）新義線

該線自去（卅五）年修通，直至本年十月間交通情況甚佳，雖時稍有破壞亦均可隨時修復，迄十月下旬新立屯、阜新段慘遭破壞，現已修通至新邱，該站至新立屯段雖已飭錦州路局搶修，但限於材料及戰況關係仍未克開工搶修。

（4）大鄭線

大虎山至彰武一一〇公里於十月末被毀大半，曾將大虎山至八道壕與新立屯至彰武兩段修復，近日奸匪竄擾，彰、大相繼棄守，現仍無法搶修。

（5）高新線

自十月末被破壞後迄未搶修。

（6）溝營線

始終通至大部，該站至河北段已飭錦局搶修。

（7）瀋吉線

五月前該線全窪修通，至四平會戰期中既先後被匪竄擾或破壞，現僅修通瀋陽至營盤、永吉至長白山兩段，餘尚為匪據。

（8）瀋安線

五月前全線暢通，至四平會戰後，公原以南大半為匪竄擾據，瀋陽－公原段經搶修照常通車，最近歪頭山－火連寨間又毀，已由瀋局修復通車。

（9）蘇撫線

李石寨－蘇家屯自六月間修復後已全部通車，現仍暢行無阻。

（10）中長路

本年初北迄松花江南至普蘭店間七一〇公里處均已修通，至四平會戰後僅通長春、大石段四六〇公里處，十月間中長路會戰後僅修通開原、湯南子段二一〇公里處，近又繼遭破壞數處，正分頭搶修，正常通車僅北至鐵嶺南至蘇家屯百餘公里，營口支線自中長路會戰後已全部破壞，煤台支線已於十二月中旬被毀。

（11）長圖線

三台以南已修通至老爺嶺，吉長會戰後大半被破壞，後繼修通至江北，截至四平會戰及中長路會戰時再遭破壞，現僅將長春興隆、九站龍潭山兩段共三十二公里修通，餘均已被匪據復遭破壞矣。

（12）長洮線

本年初柴崗七七公里處，惟農安戰鬥與四平會戰後全被毀，現僅通車至寬城子站。

（三）本（卅六）年度各時期鐵路交通概況（如附表二、三，附圖二、四所示）。

2. 公路

（一）指導原則

　　各省公路經匪軍迭次竄擾，破壞慘重，搶修能力薄弱，復舊不易，本轅為維持軍運，力求補給之圓滑，每次被破壞即飭地方當局發動民工及公路沿線各駐軍盡力搶修，並飭各縣組織護路村，以期確保交通而利軍運，奈以地方武力薄弱，匪勢猖獗，屢遭破壞，僅由地方負責搶修，以民工輔助，在每遭匪軍破壞後於短期內即可修復通車，惟公路沿線橋樑多係木橋，極易破壞，雖屢壞屢修，然以材料缺乏，經費支絀不無困難，而匪軍破壞日益加劇，其修復之工程自六月益浩大，於是乃飭運輸總局成立東北公路督修工程處，一面協同部隊，整備款料搶修，一面計劃整修東北各公路，以期恢復交通。

（二）搶修經過

（1）瀋長公路

　　　　該線因屬長春要過，沿途要鎮頗多，諸如開原、鐵嶺、四平、公主嶺等均屬軍事要衝，匪軍每次竄擾均慘遭破壞五次之多，尤以四平會戰（第五次竄擾）一役最為澈底，清河橋鋼筋水泥之橋腳及橋面均被炸毀無遺，沿途大小橋樑均被焚毀，路基挖壞，搶修工程至感艱困，為迅於修復計，遂成立瀋長公路搶修指揮部，以工十二團第一營，新六軍、第七一軍及五三軍工兵營歸工十二團王團長指揮，歷時二月始告修竣，最近匪軍又到處竄擾，而該線交通復被切斷。

（2）瀋葫公路

由瀋陽至葫蘆島有二線可通北寧路以北公路，徑大民屯－新民－黑山－北鎮－溝幫子－錦州－錦西可達葫蘆島，共計三〇七公里，經飭工十二團及東北公路督修工程處協同整修，現以冰凍期間積雪過厚施工困難，僅修至新民，其新民以西至溝幫子段須俟冰融後再為整修。

（3）瀋營公路

由瀋陽至小新民屯－遼中－台安－盤山南下至河北可達營口，經工十二團及公路督修工程處全線修通，如自盤山北上至溝幫子可與瀋葫公路匯合，直通山海關。

（4）其餘公路

由本年五月以前通安東、遼北、吉林等省公路雖遭破壞，然易於搶修，飭當地民工屢加修理，均能通車，目前為匪軍盤據，尚難預料。

（三）完成概況

各省公路因匪軍竄擾，所保無幾，僅遼寧省較完整，現以瀋陽為核心，東至撫順，南至本溪、鞍山、營口，西至山海關、葫蘆島、義縣，北至彰武、法庫、郭家店（如附圖）等地，可稱完整，其餘各線概略完成如左：

（1）瀋長公路

搶修路面三二里、橋梁八座。

（2）瀋葫公路

瀋陽、盤山搶修路面 120 公里、橋梁三一座，

　　　錦葫段修補路面 45 公里、橋梁四座。

（3）瀋營公路

　　　整修路面 50 公里、橋梁二四座、便橋一座。

三、工兵器材

1. 補充

　　本轅所屬部隊本年度所使用之工兵器材，大部係請由聯勤總部從關內運補，迄二月份又按配賦數量補充百分之六五，於三月間長春會戰損耗器材百分之三〇，適秦葫港口司令部器材倉庫撤消，將接收之日式器材全部撥於瀋陽倉庫，即將各部隊按配賦數量補充足百分之七〇，至五、六月間四平會戰損耗現有器材百分之五〇，復將庫存器材按配賦數量補充足各部隊百分之七十，復感輸力關係，長途輸補緩不應急，經於七月間電聯勤總部核准利用營產管理處瀋陽、鐵嶺庫存鋼鐵招商製造工作器具（元鍬等一、二項）一批，於九、十、十一月間吉長、北寧會戰損耗現有器材約百分之三五，將原庫存及鋼鐵換製之工作器具按配賦數量補充足百分之七五，至缺少之部份繼請聯勤總部撥補中（全年度聯勤總部及秦葫港口司令部撥補及鋼鐵換製器具數量各如附表三、四、五）。

2. 消耗

　　各部隊因經年作戰處處設防，至消耗數量頗鉅，至部隊有所消耗均據由本轅核實分別轉請陸軍總部及聯勤總部註銷每月份損耗數量（如附表六）。

3. 督導

為恐部隊對器材之保管不良，每於定期校閱時由業務承辦人參加，分別前往各部隊視查，如臨時發現保管不妥處，即電飭改正並通令各部隊知照，以免有同樣失妥情事發生。

附件　鋼筋混凝土施工防凍辦法

甲、為防止新打混凝土發生凍結時，可依下列辦法實施之：

　　1. 放少許食鹽於水內再行拌合（限每立方米容積水量放鹽半斤為原則，鹽質須選擇優良者）。

　　2. 拌合混凝土時以溫水或用開水拌合之。

乙、混凝土於灌漿後為使迅速乾燥計，依下列辦法實施之：

　　1. 生火爐於工事內（應注意模型板勿被燃燒）。

　　2. 工事外部以稻草掩蓋包紮之。

丙、為使工事抗力不發生影響並變形計，模型板拆除日期應酌予延長（照常溫下延長一倍以上時間——在常溫下碉堡頂蓋模型板拆除為二十一日）。

附件　結凍期間各要點永久工事停工籌料及材料保管辦法

一、為避免結凍期間永久工事（鋼筋混凝土工程）施工困難及減弱工事抗力與明春結凍後崩潰起見，特制定本辦法實行之。

二、經本轄發料指定構築永久工事而尚未籌款興工或已構築而尚未完成之各要點，遵照本辦法施行之。

三、本轅已發料（款）而尚未著手構築者暫緩構築，先
　　行籌料，於明春解凍後再行構築。

四、已發料（款）正在構築而尚未完成者，遵照本轅戌
　　寒卅六工字第一七七四九號代電規定施工防凍辦法
　　繼續趕築，務於十二月二十日前完成以備驗收。

五、分期施工一部正在構築，其餘尚未施工者除將已構
　　築部份繼續完成外，其餘暫緩構築。

六、全部竣工或完成一部，其餘須俟明春解凍後方可施
　　工者，仰即將完成部份之竣工圖表及工事數量報轅
　　備查，以備驗收。

七、負責構築永久工事而尚未著手之各單位於停工期
　　間綿密偵察地形，策定構築計劃，詳確標定工事位
　　置，報轅備查。

八、永久工事已完成而材料尚有多餘者，或完成一部而
　　剩餘尚未使用之材料，於停工期間各構工單位應將
　　本轅所發給之水泥、鋼筋、鋼板及地方籌措之其他
　　等材料悉數移交當地縣（市）政府選擇乾燥且能避
　　風雨之地點妥為保管（尤以水泥一項應特別注意不
　　可使其受潮硬化，否則除地方政府應負全責外，構
　　工部隊亦受連帶之處分），並於交接後將移交材料
　　種類、數量、保管單位、存放地點及保管情形等列
　　表會銜報轅備查，以備派員視察。

九、各構工單位於停工期間應將全部工程所需黃沙
　　（二五公釐以下粗細不均並不含塵土及一切有機物
　　質者）、碎石（一五─三公分多楞且石質堅硬者，
　　禁用河光石）、塊石（一五公分以上石質堅硬者）

等自行採運至各工事位置附近，以備明春開工時使用，至運送沙石等所需運輸工具，由各構工單位會同地方政府負責籌措。

十、本辦法自頒佈之日起施行

附件　構築據點工事籌措工料各費暫行辦法

一、為確保收復地區防匪竄擾構築據點工事所需之工料各費，悉依本辦法籌措之。

二、據點工事分左列兩種：

　　1. 戰略要點含資源地另令指定。

　　2. 右項指定以外，在已收復區內之一般城鎮。

三、構築工事以徵用當地民工，使用公有材料（破壞廟宇等）為原則，徵用市民工按日供給伙食或發給等之代金，公有材料不足應用必須另行徵購時，應按最近兩月平均市價發給價款。

四、民工伙食、材料價款等項費用，就當地有財力之商行、居民勸捐之負擔，捐款之商行、居民可以等值之材料抵充。

五、前項所購有財力之商行、居民應比照左列各類衡量之：

　　1. 各業商號；

　　2. 公私銀鈔行號；

　　3. 公私營之工廠公司行號；

　　4. 在購築工事區域內之私有房地產所有權人；

　　5. 自由職業及一般居民。

六、各業居民捐款之負擔數額應由省（市）縣（市）

政府會同民意機關及商工會，根據所擬構築工事
之實需各項經費總數及各該居民之負擔能力佔擬
配額，經嚴密審定後公告募捐之。

七、城防工事之構築由該地最高軍事機關負責設計督
導實施，限期完成，並應先將陣地編成計劃工事
位置、種類、數目、所需工料、預算、完成時日
具報表官部及本轅核備。

八、當地省（市）縣市政府根據前項核准之預算，應即
會同民意機關擬具勸募款項實施辦法，一面先行募
收，一面層轉東北行轅核備。

九、各公營廠礦承捐之工事材料及應徵之工額應列表
報告經濟委員會轉報東北行轅備核。

十、工料之徵發經費之收支得由當地黨政軍民意機關
及公正熱心士紳組成構工委員會負責辦理之。

十一、各重要戰略地點之城防工事如工程浩大就地募
款不敷支應時，得呈准東北行轅酌量撥款補助
之，非戰略要點不得請求補助之。

十二、本暫行辦法由東北行轅制定公布實施，並呈報
國民政府備案。

附件　東北收復區內各地已往徵用構工材料清理辦法

一、為保護地所構築之碉堡工事，其工料費由部隊、
地方政府、民意機關會同組織清理委員會負責清
理，由地方平均分擔以期公允。

二、部隊直接向民間徵用之材料，物主持有徵用部隊
正式收據者，由清理委員會作價償還，地方平均

負擔。

三、取用國營事業及敵偽物資接收機關者，由被徵機關
向構工部隊索取師長以上主官正式收據，按取用時
物價作價向國庫轉賬。

四、為保護國家資源（如煤礦、鋼鐵廠、發電所等）
所構築之工事，其工料費由各該資料機關負責，
如因構築該項工事而構工部隊向民間徵用之材料
物主持有徵用之部隊正式收據者，由各該資源機
關作價償還。

五、為保護港口及鐵路交通構築工事所徵用之材料，
由有關港口及鐵路局負責償還向交通部報銷。

附表
東北收復區各要點永久工事三十六年度構築概況報告表

地點	瀋陽
工事兵力	三師
發料名稱數量	水泥 2,379.4 噸 鋼筋 133.4 噸
購料撥款	537,085,500 元
構工補助費	1,705,144,200 元
合計	2,242,229,790 元
核發主管	熊前主任、陳兼主任
構築概況	5 月 7 日開工，11 月 28 日停工，共計完成外壕 83 公里，半永久碉堡 176 座，永久碉堡 433 座，障礙物除備少數外，大部尚未構築。
現況	停工，俟明春解凍後興工。
處理經過	本年三月由長官部計劃構築二師兵力永久工事，於辰微由轉發款五億元，辰馬由警備部負責開始構築，申微移交市府負責構築，並改築三師兵力之永久工事，申有由市府移防守部負責構築，先後發足所需款項及材料，於戌儉因氣候寒冷，停止構築，計完成全部工程約百分之八十。
備考	借發 15 億元未計入，由省政府及參議會據借。

地點	長春
工事兵力	一師
發料名稱數量	
購料撥款	
構工補助費	400,000,000 元
合計	400,000,000 元
核發主管	熊前主任
構築概況	第一、二期永久碉堡共 30 座已先後完成，第三、四期永久碉堡六座正構築中，全部城寨工事已完成，半永久碉堡完城 392 座。
現況	正趕築中。
處理經過	巳冬由長官部電飭構築，材料就地徵購，午冬由本轅撥發專款 4 億元，第一、二期 30 座已全部完成，已由本轅派員驗收。
備考	國防部聯勤總部午篠督財電撥發 3 億元未列入。

地點	吉林
工事兵力	二團
發料名稱數量	
購料撥款	
構工補助費	200,000,000 元
合計	200,000,000 元
核發主管	熊前主任、陳兼主任
構築概況	已完成永久碉堡 57 座，永久掩蔽部 29 座，半永久工事及城寨工事全部完成。
現況	已完成。
處理經過	已冬由長官部電飭構築，先後由本轅撥發專款 2 億元，材料就地徵集。

地點	四平
工事兵力	一團
發料名稱數量	水泥 1,140 噸 鋼筋 150 噸 鋼板 20 張
購料撥款	
構工補助費	450,000,000 元
合計	450,000,000 元
核發主管	陳兼主任
構築概況	已完成永久碉堡 3 座，餘已停工，俟明春解凍後再行開始構築城寨工事及半永久工事已完成。
現況	已停工，俟明春解凍後興工。
處理經過	已冬由長官部電飭構築，申有由本轅發款肆億 5 千萬元，申陷由本轅發給所需水泥、鋼筋，因交通受阻，材料無法運送，故迄今大部永久工事尚未完成。

地點	錦州
工事兵力	一團
發料名稱數量	水泥 1,241 噸 鋼筋 79.3 噸 鋼板 20 張
購料撥款	
構工補助費	150,000,000 元
合計	150,000,000 元
核發主管	熊前主任
構築概況	先趕築一營永久工事，共碉堡 29 座，預計分三期、兩月完成，其餘之一營永久工事，預定於明春解凍後興工。
現況	趕築中。
處理經過	已冬由前長官部電飭構築，未佳由本轅撥發專款 1 億 5 仟萬圓，所需水泥、鋼筋於酉魚由本轅發給，現正趕築第一期工事中。

地點	開原
工事兵力	二營
發料名稱數量	水泥 597 噸 鋼筋 104 噸 鋼板 35 張
購料撥款	
構工補助費	200,000,000 元
合計	200,000,000 元
核發主管	陳兼主任、羅副主任
構築概況	永久工事已發包構築，正趕築中。
現況	趕築中。
處理經過	酉儉由本轅飭構築二營兵力之永久工事，發給所需水泥、鋼筋、鋼板並撥發專款 2 億元，由八兵團發包構築，現正趕築中。

地點	鐵嶺
工事兵力	一營
發料名稱數量	水泥 369 噸 鋼筋 41.4 噸
購料撥款	
構工補助費	127,363,500 元
合計	127,363,500 元
核發主管	陳兼主任
構築概況	永久碉堡 9 座，已於 12 月 5 日全部完成。
現況	已完成。
處理經過	酉元由九兵團司令部呈請構築，於酉元撥發專款127,363,500 元，並撥發水泥、鋼筋由該兵團發包構築，已於亥微全部竣工。

地點	新民
工事兵力	二營
發料名稱數量	水泥 1,282.2 噸 鋼筋 163.2 噸 鋼板 20 張
購料撥款	
構工補助費	
合計	
核發主管	
構築概況	鋼筋已運新民，因氣候關係尚未開工，須俟明春解凍後施工。
現況	永久工事尚未開工。
處理經過	已冬由前長官部電飭構築，申有由本轅撥發所需水泥、鋼筋，因駐防部隊隨時移動，故迄今尚未開工。

地點	錦西
工事兵力	一營
發料名稱數量	水泥 620.6 噸 鋼筋 79.3 噸 鋼板 10 張
購料撥款	
構工補助費	
合計	
核發主管	
構築概況	水泥、鋼筋已運到，因氣候關係，尚未開工，需俟明春解凍後施工。
現況	永久工事尚未開工。
處理經過	已冬由前長官部電飭構築，申有由本轅撥發所需水泥、鋼筋，因駐防部隊隨時移動，故迄今尚未開工。

地點	葫蘆島
工事兵力	二營
發料名稱數量	水泥 890.6 噸 鋼筋 91.3 噸 鋼板 15 張
購料撥款	
構工補助費	12,467,200 元
合計	12,467,200 元
核發主管	陳兼主任
構築概況	第一期一營兵力永久工事已全部完成，第二期一營永久工事尚未構築，預定明春解凍後興工。
現況	已停工，俟明春解凍後興工。
處理經過	巳江由前長官部飭構築一營兵力之永久碉堡，並由本轅於申皓撥發材料興工，該項工程已大部完成，並由本轅於戌齊撥發專款 12,467,200 元，酉刪由本轅電飭增築一營兵力之永久工事，並已發料，因氣候關係，已令停築，於明春解凍後再行興工。

地點	營口
工事兵力	二營
發料名稱數量	水泥 1,241.2 噸 鋼筋 158 噸 鋼板 20 張
購料撥款	
構工補助費	150,000,000 元
合計	150,000,000 元
核發主管	羅副主任
構築概況	正趕築中，本轅令飭於本年底竣工，
現況	趕築中。
處理經過	巳刪由前長官部飭加強城寨堡壘工事，酉刪由本轅電飭構築二營兵力之永久工事，並撥發所需水泥、鋼筋，戌宥由本轅撥發專款 1 億 5 仟萬元。

地點	撫順
工事兵力	一團
發料名稱數量	
購料撥款	
構工補助費	130,000,000 元
合計	130,000,000 元
核發主管	熊前主任、陳兼主任
構築概況	先後完成約可容納五個團兵力之半永久工事。
現況	已完成。
處理經過	已冬由前長官部電飭構築永久工事，因限於物力、財力，先後由守備部隊 207D 逐次加強半永久工事，已宥由本轄撥發構工補助費 3 仟萬元，亥江又增發 1 億元，全部材料係就地徵集及由礦區負責籌用。

地點	鞍山
工事兵力	一團
發料名稱數量	
購料撥款	
構工補助費	30,000,000 元
合計	30,000,000 元
核發主管	熊前主任
構築概況	除鞍山鋼鐵公司自築有少數永久碉堡外，餘全為半永久工事及城寨工事並已全部完成。
現況	已完成。
處理經過	已冬由前長官部飭構築永久工事，因限於物力、財力，先後由駐軍逐次構築半永久工事，未佳由本轄撥發補助費 3 仟萬元，係就地徵集。

地點	本溪
工事兵力	一團
發料名稱數量	
購料撥款	
構工補助費	
合計	
核發主管	
構築概況	全部為半永久工事，約可容納一師兵力，於十月份開工構築，約本年底可全部竣工。
現況	趕築中。
處理經過	先後由駐軍加強半永久工事，料款均由地方籌措。

地點	豐滿
工事兵力	二營
發料名稱數量	
購料撥款	
構工補助費	
合計	
核發主管	
構築概況	計劃構築永久碉堡 44 座，永久掩蔽部 16 座，現已完成永久碉堡 9 座，因氣候及材料關係，已停築，明春解凍後繼續施工。
現況	已停工，俟明春解凍後興工。
處理經過	已冬由前長官部飭築，料款均由發電廠負責籌措，由駐軍負責指導，戌寒已完成永久碉堡九座。

地點	營城子
工事兵力	二營
發料名稱數量	
購料撥款	
構工補助費	
合計	
核發主管	
構築概況	方開工構築而陷匪區。
現況	
處理經過	已寒由前長官部電飭構築，酉寒礦區及駐軍雙商籌劃構築，因戰況關係即陷匪區。

地點	阜新
工事兵力	二營
發料名稱數量	
購料撥款	
構工補助費	
合計	
核發主管	
構築概況	全部工事已於 8 月 25 日完成，計永久碉堡 8 座，半永久碉堡 71 座，反土埋城寨工事約 7 公里。
現況	已完成。
處理經過	已寒由前長官部電飭構築，全部料款由礦區負責籌集，由駐軍負責指導，未有已全部完成。

地點	北票
工事兵力	二營
發料名稱數量	
購料撥款	
構工補助費	
合計	
核發主管	
構築概況	永久工事因該礦區缺乏材料，且交通受阻，無法購運，故迄未構築，半永久工事已完成。
現況	永久工事尚未構築。
處理經過	已寒由前長官部電飭構築，全部料款由礦區負責籌集，駐軍負責指導，因陷於材料，故僅完成半永久工事。

地點	老爺嶺
工事兵力	一連
發料名稱數量	
購料撥款	
構工補助費	100,000,000 元
合計	100,000,000 元
核發主管	
構築概況	因戰況關係，已飭梁主席緩築。
現況	尚未構築。
處理經過	吉林省府卯艷呈請構築，本轄辰刪核准，並於申哿由本轄撥發補助費 1 億元，因戰況關係該地陷匪區，本轄西魚電飭暫緩築，並不得動用該項經費。
備考	據報該處工款已改作永吉構工使用。

項目	購發鐵材水泥借款
購買名稱數量	水泥 15,000 噸 鋼筋 1,000 噸 鋼板 27.61 噸
購料撥款	水泥 2,592,373,004 元 鐵材 826,705,399 元
核發主管	水泥：熊前主任、陳兼主任 鐵材：陳兼主任
現況	水泥現存 5,238 噸 800 公斤。 鋼筋尚存 300 公斤。 鋼板現存 816 張。
處理經過	水泥：酉魚由第六補給區接管與撥發，原係熊前主任委遼寧建設廳訂購。 鐵材：未馬由熊前主任委遼寧建設廳籌購，後交第六補給區接管與撥發。

項目	合計
發出名稱數量	水泥 9,761 噸 鋼筋 999.9 噸 鋼板 140 張
購料撥款	3,956,164,203 元
構工補助費	3,654,974,900 元
總計	7,611,139,103 元

附記：
一、各資源地及其他據點，如小豐滿、撫順、鞍山、本溪、阜新、北票、營城子等地分別由各礦區及地方政府自備料款，由駐軍指導構築。
二、以上各地點購工均係由地方政府、民意機關及當地駐軍合組構工委員會共同實施，並由地方政府、民意機關專責籌料籌款（除本轅補助外，不敷之款項），駐軍專責督導施工。
三、工事補助費奉兼主任批准後由政委會財務處逕行發給領款單位。
四、未完工各地因限於天氣已令飭暫時停工，俟明春解凍後再行開工構築。
五、各地未使用及剩餘材料已令飭移交地方政府妥為保管。

附表
東北各鐵路護路永久碉堡經本轄核減後數量
構築概況及墊款一覽表

三十六年十二月十五日

線路名稱	全線碉堡數量	已墊款興築碉堡數量			待興築數量	墊撥款額（流通券）	墊款日期
		完成者	趕築者	籌齊材料者			
中長路	89	26	3	44	16	1,341,941,060 內壹億圓係由前長官部領轉	36/6/29 36/9/1
瀋吉路	108	13	6		89	293,241,593	36/7/9 36/8/31
錦古路錦承段	134			44	90	883,830,365	36/8/31
瀋安路	96	4	18		74	442,548,215	36/8/31 36/10/25
瀋段巨流河橋三八號橋	4 大型		4			104,199,316	36/10/24
蘇撫路	13			13		285,498,010	36/11
合計	444	43	31	101	269	3,351,266,439	

附記：

一、北寧路護路永久碉堡三七七座，除內八座係九四軍構築，未依限完工，已由前長官部電保定綏署轉飭繼續構築，完工後逕報國防部外，餘三六九座均係去（卅五）年完成，並於本（卅六）年八月經國防部派員驗收給證。

二、墊撥工料費：係依交通部午微路工電由本轄核墊再請轉賬；

（1）中長（欠東遠河橋堡費壹千萬圓），瀋吉、錦古及瀋安一部（十五座款流通券參億零貳百伍拾玖萬伍千柒百伍拾圓），共流通券貳拾捌億壹仟壹百陸拾陸萬陸千肆百陸拾捌圓，係前主任熊批墊者。

（2）其於表列墊款流通券伍億參仟玖百陸拾肆萬玖千玖百柒拾壹圓，係兼主任陳批墊者。

（3）前長官部逕撥中長路碉堡費流通券壹千柒百陸拾玖萬參千柒百陸拾陸圓，因非由本轄領轉故表列墊款額內，未行填入。

（4）前交警十四總隊所築中長路沿線半永久碉堡一〇八座（係卅五年完成者），工料費流通券參千玖百壹拾壹萬壹千壹百壹拾圓，准交通部戌皓會字第二九五五號代電由本轄墊撥交中長路局轉發，表內未行填列。

（5）本轄所墊各路永久及半永久碉堡工料費均經先後電請交通部轉賬，並將興築情形另電國防部查照。

三、表內已墊款與興築碉堡■中籌齊材料者一項，所列碉堡一〇一
　　座，均令各承築路局於本年九、十月開工並趕築，務於結凍前
　　完成，俟以中長、北寧路會戰開始涉及開工日期且會戰結束後
　　交通未能即時恢復，而復因連降大雪，於十一月中旬末氣候即
　　超嚴寒，混凝土工程致無法施工，為避免減少碉堡抗力近見，
　　本轅遂令各該路局將尚未開始構築之碉堡一〇一座暫時停築，
　　惟需籌齊材料，待來年氣候許可，交通恢復，續行構築之，屆
　　時除人工費准酌予調整外，材料費不准再請變更。

附表　東北收復區鐵路本（卅六）年度各時期通車狀況表

時期\n線別	四平會戰前		四平會戰後		中長路北寧路\n會戰後	
	通車部份	里程\nkm	通車部份	里程\nkm	通車部份	里程\nkm
煙台\n支線	全線\n（煙台至炭礦）	15	全線	15	全線	15
瀋海線	全線\n（瀋陽至海龍）	246	瀋陽至蒼石	104	瀋陽至營盤	78
蘇撫線	撫順至李石寨	16	全線\n（蘇家屯\n至撫順）	49	全線	49
瀋安線	全線\n（瀋陽至安東）	258	瀋陽至宮原	67	瀋陽至宮原	67
遼宮線	全線\n（遼陽至宮原）	69	遼陽至安平	32	遼陽至小屯	21
宮田線	宮原至囤牛心台	16	宮原至\n牛心台	16	宮原至\n牛心台	16
鳳灌線	全線\n（鳳城至灌水）	82				
中長線	松花江至普蘭店	738	長春至\n大石橋	464	開原至\n湯崗子	210
營口\n支線	全線\n（大石橋至營口）	23	全線	23		
瀋榆線	全線\n（瀋陽至榆關）	423	全線	423	全線	423
大鄭線	大虎山至彰武\n鄭家屯至門達	149	大虎山\n至彰武	110	大虎山至\n八道壕\n新立屯至\n彰武	81
新義線	全線\n（新立屯至義縣）	132	全線	132	義縣至新邱	88
高新線	全線\n（高台山至新立屯）	61	全線	61		
錦古線	錦州至上谷	375	錦州至朝陽	135	錦州至義縣	50
溝營線	溝幫子至大窪	54	溝幫子\n至大窪	54	溝幫子\n至大窪	54
北票\n支線	全線\n（金嶺寺至北票）	18	全線	18		
葫蘆島\n支線	全線\n（錦西至葫蘆島）	17	全線	12	全線	12
平梅線	全線\n（四平至梅河）	148				
平龍線	四平至玻璃山	131				

時期 線別	四平會戰前		四平會戰後		中長路北寧路 會戰後	
	通車部份	里程 km	通車部份	里程 km	通車部份	里程 km
長圖線	長春至老爺嶺	193	長春至江北	134	長春至 興隆山 哈達灣至 龍潭山	25
長洮線	長春至柴崗	76	長春至 寬城子	5	長春至 寬城子	5
吉海線	永吉至海龍	199	永吉至 雙河鎮	68	永吉至白山	15
大豐滿 支線	全線 （龍潭山至大豐滿）	22	全線	22	全線	22
	總計	3,456		1,944		1,231

附記：
1. 本（卅六）年元月迄九月間交通大致與四平會戰前之一般狀況相同。
2. 各鐵路臨時破壞搶修狀況里程未經列入。
3. 本表數字計算以公里（km）為單位。

附表
國民政府主席東北行轅卅六年度補充主要工兵器材數量表

品名	單位	奉撥數量	購製數量	合計數量
元鍬	把	68,713	93,864	162,577
鐵絲剪	把	23,179	20,804	43,983
十字鎬	把	16,789	52,204	68,993
鐵絲鉗	把	14,388	21,820	36,208
地雷	把	46,247		46,247
斧	把	13,388	28,244	41,632
炸藥	公斤	1,938		1,938
鋸	把	2,081	14,363	16,444
雷信管	個	263,365		263,365
砍（鉈）刀	把	3,787	51,382	55,169
導火索	公尺	60,115		60,115
經緯儀	具	12		12
刺絲	捲	4,641		4,641
測斜儀	具	7		7
各號鉛絲	捲	2,026		2,026
水平儀	具	6		6
排用木工器材	套	112		112
班用木工器材	箱	14		14
排用爆破器材	箱	16		16
騎兵掘壕器材	箱	108		108
地雷搜索器	具	290		290
30 米手提照明燈	具	26		26

附記：由聯勤總部撥補及秦葫港口司令部接收日式器材數量並未分
　　　開列造。

附表
國民政府主席東北行轅所屬各軍師
三十六年度十二月份編制現有待補數量統計表

第六兵團			
土工器具	編制	現有	待補
元鍬（把）	133	103	30
小元鍬（把）	812	652	160
十字鎬（把）	91	71	20
小十字鎬（把）	425	325	106
木工器材	編制	現有	待補
手斧（把）	123	93	30
大鋸（把）	27		27
手鋸（把）	109	89	20
鐵絲鉗（把）	133	103	30
近戰器材	編制	現有	待補
鐵絲剪（把）	93	73	20
砍刀（把）	812	424	388

第七兵團			
土工器具	編制	現有	待補
元鍬（把）	16	11	5
小元鍬（把）	232	187	50
十字鎬（把）	16	11	5
小十字鎬（把）	111	96	20
木工器材	編制	現有	待補
手斧（把）	26	21	5
大鋸（把）	9		9
手鋸（把）	17	12	5
鐵絲鉗（把）	35	25	10
近戰器材	編制	現有	待補
鐵絲剪（把）	27	22	5
砍刀（把）	232	100	132

第八兵團		
土工器具	現有	待補
元鍬（把）	11	5
小元鍬（把）	182	50
十字鎬（把）	11	5
小十字鎬（把）	96	20
木工器材	現有	待補
手斧（把）	21	5
大鋸（把）		9
手鋸（把）	12	5
鐵絲鉗（把）	25	10
近戰器材	現有	待補
鐵絲剪（把）	22	5
砍刀（把）	100	132

第九兵團		
土工器具	現有	待補
元鍬（把）	410	
小元鍬（把）	222	10
十字鎬（把）	40	
小十字鎬（把）	136	30
木工器材	現有	待補
手斧（把）	33	
大鋸（把）	6	3
手鋸（把）	18	
鐵絲鉗（把）	25	10
近戰器材	現有	待補
鐵絲剪（把）	34	134
砍刀（把）	100	1,508

各兵團合計			
土工器具	編制	現有	待補
元鍬（把）	181	168	16
小元鍬（把）	1,508	1,238	270
十字鎬（把）	139	133	6
小十字鎬（把）	773	683	120
木工器材	編制	現有	待補
手斧（把）	201	168	33
大鋸（把）	54	6	48
手鋸（把）	160	131	29
鐵絲鉗（把）	238	178	60

各兵團合計			
近戰器材	編制	現有	待補
鐵絲剪（把）	154	20	134
砍刀（把）	724	884	

新一軍			
土工器具	編制	現有	待補
元鍬（把）	2,866	2,171	685
小元鍬（把）	7,804	6,189	1,625
十字鎬（把）	1,985	733	1,152
小十字鎬（把）	4,391	3,761	636
鶴嘴（把）	36		36
鉈刀（把）	108	84	24
隱顯燈（盞）	108		108
土囊（個）	771	376	395
木工器材	編制	現有	待補
大斧（把）	771	376	395
手斧（把）	1,387	1,145	236
大鋸（把）	360	235	125
手鋸（把）	971	773	198
鐵絲鉗（把）	1,495	1,589	
鑿（把）	216		216
粗鉋（把）	24		24
燕尾錘（把）	44		44
曲尺（把）	36		36
渡河器材	編制	現有	待補
石工器材（套）	12		12
橡皮舟及架橋材料（套）	4		4
浮水衣（件）	120		120
操舟機（具）	8		8
拉合繩（根）	160		160
捆繩（根）	2,000		2,000
單滑車（具）	8		8
複滑車（具）	8		8
補破器材	編制	現有	待補
電器點火機（具）	16		16
導通試驗器（具）	16		16
抵抗器（具）	16		16
電壓電流表（具）	16		16
緩燃導火索（公尺）	1,200		1,200
爆炸導火索（公尺）	2,400		2,400
雷管（個）	1,800		1,800

新一軍			
信管（個）	800		800
單心導電線（公尺）	12,000		12,000
有環小刀（把）	96		96
膠布（并）	200		200
15V電池（個）	96		96
地雷（個）	160	2,500	
炸藥（公斤）	540		540
爆發罐（個）	240		240
坑道器材（套）	12		12
近戰器材	編制	現有	待補
火焰噴射器（具）	36		36
地雷按索器（具）	112	25	87
制式破壞筒（具）	36		36
鐵絲剪（把）	1,277	493	784
煙幕罐（個）	200		200
欧刀（把）	7,804	796	1,008
各種美式器材	編制	現有	待補
#1班用木工器材（套）		53	
#1排用木工器材（套）		24	
#1班用爆破器材（套）		26	
#1排用爆破器材（套）		8	
騎兵掘壕器材（套）		9	

新三軍		
土工器具	現有	待補
元鍬（把）	519	2,347
小元鍬（把）	2,119	5,688
十字鎬（把）	761	1,624
小十字鎬（把）	1,295	3,096
鶴嘴（把）		36
鉈刀（把）	55	53
隱顯燈（盞）	22	86
土囊（個）	82	689
木工器材	現有	待補
大斧（把）	82	689
手斧（把）	364	1,017
大鋸（把）	68	292
手鋸（把）	176	795
鐵絲鉗（把）		1,495
鑿（把）	44	172
粗鉋（把）	4	20

新三軍		
燕尾錘（把）		44
曲尺（把）		36
渡河器材	現有	待補
石工器材（套）		12
橡皮舟及架橋材料（套）		4
浮水衣（件）		120
操舟機（具）		8
拉合繩（根）		160
捆繩（根）		2,000
單滑車（具）	13	
複滑車（具）	5	3
補破器材	現有	待補
電器點火機（具）	9	7
導通試驗器（具）	4	12
抵抗器（具）		16
電壓電流表（具）		16
緩燃導火索（公尺）		1,200
爆炸導火索（公尺）	2	2,400
雷管（個）		1,800
信管（個）		800
單心導電線（公尺）		12,000
有環小刀（把）		96
膠布（并）		200
15V電池（個）		96
地雷（個）		160
炸藥（公斤）		540
爆發罐（個）		240
坑道器材（套）		12
近戰器材	現有	待補
火焰噴射器（具）		36
地雷按索器（具）	8	104
制式破壞筒（具）		36
鐵絲剪（把）	239	1,047
煙幕罐（個）		200
砍刀（把）	1,549	6,255
各種美式器材	現有	待補
#1 排用木工器材（套）	4	
#1 排用土工器材	4	
#1 排用爆破器材	2	
騎兵掘壕器材	5	

新五軍		
土工器具	現有	待補
元鍬（把）	642	2,224
小元鍬（把）	3,167	4,637
十字鎬（把）	574	1,411
小十字鎬（把）	1,738	2,653
鶴嘴（把）		36
鉈刀（把）	23	85
隱顯燈（盞）		108
土囊（個）	79	692
木工器材	現有	待補
大斧（把）	79	692
手斧（把）	318	1,063
大鋸（把）	63	299
手鋸（把）	261	710
鐵絲鉗（把）	433	1,062
鑿（把）		216
粗鉋（把）		24
燕尾錘（把）		44
曲尺（把）		36
渡河器材	現有	待補
石工器材（套）		12
橡皮舟及架橋材料（套）		4
浮水衣（件）		120
操舟機（具）		8
拉合繩（根）		160
捆繩（根）		2,000
單滑車（具）		8
複滑車（具）		8
補破器材	現有	待補
電器點火機（具）		16
導通試驗器（具）		16
抵抗器（具）		16
電壓電流表（具）		16
緩燃導火索（公尺）	100	1,200
爆炸導火索（公尺）		2,400
雷管（個）		1,800
信管（個）		800
單心導電線（公尺）		12,000
有環小刀（把）		96
膠布（并）		200
15V 電池（個）		96

新五軍		
地雷（個）		160
炸藥（公斤）	130	410
爆發罐（個）		240
坑道器材（套）		12
近戰器材	現有	待補
火焰噴射器（具）		36
地雷按索器（具）		112
制式破壞筒（具）		36
鐵絲剪（把）	205	1,072
煙幕罐（個）		200
砍刀（把）	1,967	5,837
各種美式器材	現有	待補
#1 班用爆破器材（套）	1	

新六軍		
土工器具	現有	待補
元鍬（把）	1,334	1,532
小元鍬（把）	4,056	3,754
十字鎬（把）	1,520	465
小十字鎬（把）	2,715	1,676
鶴嘴（把）		36
鉈刀（把）	699	
隱顯燈（盞）	11	97
土囊（個）	210	561
木工器材	現有	待補
大斧（把）	210	561
手斧（把）	636	745
大鋸（把）	118	252
手鋸（把）	742	
鐵絲鉗（把）	887	608
螺鑽（把）	2	
鑿（把）	1	216
粗鉋（把）		24
燕尾錘（把）	1	43
曲尺（把）		36
渡河器材	現有	待補
石工器材（套）		12
橡皮舟及架橋材料（套）	8	
浮水衣（件）		120
操舟機（具）		8
拉合繩（根）		160

新六軍		
捆繩（根）		2,000
單滑車（具）		8
複滑車（具）		8
補破器材	現有	待補
電器點火機（具）	3	13
導通試驗器（具）	2	14
抵抗器（具）		16
電壓電流表（具）		16
緩燃導火索（公尺）		1,200
爆炸導火索（公尺）		2,400
雷管（個）		1,800
信管（個）		800
單心導電線（公尺）		12,000
有環小刀（把）	7	89
膠布（并）		200
15V電池（個）		96
地雷（個）		160
炸藥（公斤）		540
爆發罐（個）		240
坑道器材（套）		12
近戰器材	現有	待補
火焰噴射器（具）		36
地雷按索器（具）	22	90
制式破壞筒（具）		36
鐵絲剪（把）	118	1,159
煙幕罐（個）		200
砍刀（把）		7804

新七軍		
土工器具	現有	待補
元鍬（把）	849	2,017
小元鍬（把）	3,205	4,599
十字鎬（把）	1,008	977
小十字鎬（把）	1,073	3,318
鶴嘴（把）		36
鉈刀（把）	6	102
隱顯燈（盞）		108
土囊（個）	279	492
木工器材	現有	待補
大斧（把）	279	492
手斧（把）	457	924

新七軍		
大鋸（把）	33	329
手鋸（把）	173	798
鐵絲鉗（把）	212	1,283
鑿（把）		216
粗鉋（把）		24
燕尾錘（把）		44
曲尺（把）		36
渡河器材	現有	待補
石工器材（套）		12
橡皮舟及架橋材料（套）		4
浮水衣（件）		120
操舟機（具）		8
拉合繩（根）		160
捆繩（根）		2,000
單滑車（具）		8
複滑車（具）		7
補破器材	現有	待補
電器點火機（具）		16
導通試驗器（具）		16
抵抗器（具）		16
電壓電流表（具）		16
緩燃導火索（公尺）		1,200
爆炸導火索（公尺）		2,400
雷管（個）		1,800
信管（個）		800
單心導電線（公尺）		12,000
有環小刀（把）		96
膠布（并）		200
15V 電池（個）		96
地雷（個）	1,700	
炸藥（公斤）		540
爆發罐（個）		240
坑道器材（套）		12
近戰器材	現有	待補
火焰噴射器（具）		36
地雷按索器（具）	8	104
制式破壞筒（具）		36
鐵絲剪（把）	242	1,159
煙幕罐（個）		200
砍刀（把）	762	7,842

新七軍		
各種美式器材	現有	待補
#1 班用土工器材	3	
#1 班用爆破器材	12	
騎兵掘壕器材	3	

四九軍		
土工器具	現有	待補
元鍬（把）	1,295	1,571
小元鍬（把）	306	7,495
十字鎬（把）	4,595	
小十字鎬（把）	2,413	19,780
鶴嘴（把）	54	
鉈刀（把）	87	81
隱顯燈（盞）	9	99
土囊（個）	180	
木工器材	現有	待補
大斧（把）	180	591
手斧（把）	625	756
大鋸（把）	110	250
手鋸（把）	659	312
鐵絲鉗（把）	854	641
螺鑽（把）	18	
鑿（把）	48	168
粗鉋（把）	12	12
燕尾錘（把）		44
曲尺（把）		36
渡河器材	現有	待補
石工器材（套）		12
橡皮舟及架橋材料（套）		4
浮水衣（件）		120
操舟機（具）		8
拉合繩（根）		160
捆繩（根）		2,000
單滑車（具）		8
複滑車（具）		8
補破器材	現有	待補
電器點火機（具）	3	13
導通試驗器（具）		16
抵抗器（具）		16
電壓電流表（具）		16
緩燃導火索（公尺）	99	1,101

四九軍		
爆炸導火索（公尺）	189	2,211
雷管（個）	148	1,265
信管（個）		800
單心導電線（公尺）		12,000
有環小刀（把）		96
膠布（并）		200
15V 電池（個）		96
地雷（個）		160
炸藥（公斤）		540
爆發罐（個）		240
坑道器材（套）		12
近戰器材	現有	待補
火焰噴射器（具）		36
地雷按索器（具）	9	103
制式破壞筒（具）		36
鐵絲剪（把）	818	459
煙幕罐（個）		200
砍刀（把）	4,391	3,413
各種美式器材	現有	待補
#1 騎兵掘壕器材（套）	12	

五二軍		
土工器具	現有	待補
元鍬（把）	1,759	1,107
小元鍬（把）	7,399	405
十字鎬（把）	1,339	3,054
小十字鎬（把）	3,318	1,073
鶴嘴（把）		36
鉈刀（把）	56	52
隱顯燈（盞）		108
木工器材	現有	待補
大斧（把）	277	544
手斧（把）	569	812
大鋸（把）	503	257
手鋸（把）	558	413
鐵絲鉗（把）	850	645
鑿（把）		216
粗鉋（把）		24
燕尾錘（把）		44
曲尺（把）		36

五二軍		
渡河器材	現有	待補
石工器材（套）		12
橡皮舟及架橋材料（套）		4
浮水衣（件）		120
操舟機（具）		8
拉合繩（根）		160
捆繩（根）		2,000
單滑車（具）		8
複滑車（具）		8
補破器材	現有	待補
電器點火機（具）	1	15
導通試驗器（具）		16
抵抗器（具）	3	13
電壓電流表（具）		16
緩燃導火索（公尺）	759	441
爆炸導火索（公尺）	300	2,100
雷管（個）	1,375	465
信管（個）	1,840	
單心導電線（公尺）	500	11,500
有環小刀（把）		96
膠布（并）		200
15V 電池（個）		96
地雷（個）	3,061	
炸藥（公斤）	2,920	
爆發罐（個）		240
坑道器材（套）		12
近戰器材	現有	待補
火焰噴射器（具）		36
地雷按索器（具）	25	87
制式破壞筒（具）		36
鐵絲剪（把）	271	1,006
煙幕罐（個）		200
砍刀（把）	3,904	3,900
各種美式器材	現有	待補
#1 班用木工器材（套）	6	
#1 排用木工器材（套）	12	
#1 班用土工器材（套）	2	
#1 排用土工器材	10	
#1 班用爆破器材（套）	9	
#1 排用爆破器材（套）	5	
騎兵掘壕器材（套）	10	

五三軍		
土工器具	現有	待補
元鍬（把）	1,821	1,045
小元鍬（把）	1,307	6,497
十字鎬（把）	646	
小十字鎬（把）	3,287	1,108
鶴嘴（把）		36
鉈刀（把）	33	75
隱顯燈（盞）		108
木工器材	現有	待補
大斧（把）	129	642
手斧（把）	704	677
大鋸（把）	89	271
手鋸（把）	767	204
鐵絲鉗（把）	1,114	381
鑿（把）		216
粗鉋（把）		24
燕尾錘（把）		44
曲尺（把）		36
渡河器材	現有	待補
石工器材（套）		12
橡皮舟及架橋材料（套）		4
浮水衣（件）		120
操舟機（具）		8
拉合繩（根）		160
捆繩（根）		2,000
單滑車（具）		8
複滑車（具）		8
補破器材	現有	待補
電器點火機（具）		16
導通試驗器（具）		16
抵抗器（具）		16
電壓電流表（具）		16
緩燃導火索（公尺）	530	670
爆炸導火索（公尺）	500	1,900
雷管（個）	3,218	
信管（個）	144	656
單心導電線（公尺）	4,224	
有環小刀（把）		96
膠布（并）	6	190
15V 電池（個）		96
地雷（個）	2,000	

五三軍		
炸藥（公斤）	63	477
爆發罐（個）		240
坑道器材（套）		12
近戰器材	現有	待補
火焰噴射器（具）		36
地雷按索器（具）	14	98
制式破壞筒（具）		36
鐵絲剪（把）	1,204	73
煙幕罐（個）		200
砍刀（把）	4,604	3,200
各種美式器材	現有	待補
#1 班用木工器材（套）	2	
#1 排用木工器材（套）	1	
#1 班用土工器材（套）	1	
#1 班用爆破器材（套）	1	
#2 排用木工器材（套）	1	
簡易測繪器材（套）	1	

六〇軍		
土工器具	現有	待補
元鍬（把）	1,752	1,114
小元鍬（把）	4,911	93
十字鎬（把）	1,412	573
小十字鎬（把）	2,955	1,436
鶴嘴（把）	35	1
鉈刀（把）	26	82
隱顯燈（盞）	45	63
木工器材	現有	待補
大斧（把）	336	435
手斧（把）	782	599
大鋸（把）	37	323
手鋸（把）	695	276
鐵絲鉗（把）	819	676
螺鑽（把）	3	
鑿（把）	36	180
粗鉋（把）	2	22
燕尾錘（把）	17	27
曲尺（把）		36
渡河器材	現有	待補
石工器材（套）		12
橡皮舟及架橋材料（套）		4

六〇軍		
浮水衣（件）		120
操舟機（具）		8
拉合繩（根）		160
捆繩（根）		2,000
單滑車（具）	8	4
複滑車（具）	3	5
補破器材	現有	待補
電器點火機（具）	5	11
導通試驗器（具）	2	14
抵抗器（具）	4	12
電壓電流表（具）		16
緩燃導火索（公尺）		1,200
爆炸導火索（公尺）		2,400
雷管（個）	136	1,664
信管（個）		800
單心導電線（公尺）	82	11,918
有環小刀（把）	26	70
膠布（并）		200
15V 電池（個）		96
地雷（個）		160
炸藥（公斤）		540
爆發罐（個）		240
坑道器材（套）		12
近戰器材	現有	待補
火焰噴射器（具）		36
地雷按索器（具）	33	79
制式破壞筒（具）		36
鐵絲剪（把）	836	441
煙幕罐（個）		200
砍刀（把）	4,317	3,487

七一軍		
土工器具	現有	待補
元鍬（把）	2,431	435
小元鍬（把）	6,447	1,357
十字鎬（把）	1,722	263
小十字鎬（把）	3,706	685
鶴嘴（把）		36
鉈刀（把）	85	23
隱顯燈（盞）	54	54

七一軍		
木工器材	現有	待補
大斧（把）	548	223
手斧（把）	1,149	232
大鋸（把）	135	225
手鋸（把）	684	287
鐵絲鉗（把）	1,000	495
螺鑽（把）	9	
鑿（把）	18	198
粗鉋（把）		24
燕尾錘（把）	72	
曲尺（把）		36
渡河器材	現有	待補
石工器材（套）		12
橡皮舟及架橋材料（套）		4
浮水衣（件）		120
操舟機（具）		8
拉合繩（根）		160
捆繩（根）		2,000
單滑車（具）		8
複滑車（具）		8
補破器材	現有	待補
電器點火機（具）		16
導通試驗器（具）		16
抵抗器（具）		16
電壓電流表（具）		16
緩燃導火索（公尺）		1,200
爆炸導火索（公尺）		2,400
雷管（個）		1,800
信管（個）		800
單心導電線（公尺）	1,500	10,500
有環小刀（把）		96
膠布（并）		200
15V 電池（個）		96
地雷（個）	2,024	
炸藥（公斤）	300	240
爆發罐（個）		240
坑道器材（套）		12
近戰器材	現有	待補
火焰噴射器（具）		36
地雷按索器（具）	32	80
制式破壞筒（具）		36

七一軍		
鐵絲剪（把）	1,127	150
煙幕罐（個）		200
砍刀（把）	4,425	3,379
各種美式器材	現有	待補
#1 班用爆破器材（套）	1	
#1 排用爆破器材（套）	2	

九三軍		
土工器具	現有	待補
元鍬（把）	1,606	1,260
小元鍬（把）	4,774	3,030
十字鎬（把）	766	1,229
小十字鎬（把）	3,964	1,127
鶴嘴（把）	36	
鉈刀（把）	92	16
隱顯燈（盞）	16	92
木工器材	現有	待補
大斧（把）	210	561
手斧（把）	896	485
大鋸（把）	120	840
手鋸（把）	546	435
鐵絲鉗（把）	895	600
鑿（把）		216
粗鉋（把）		24
燕尾錘（把）	34	10
曲尺（把）		36
渡河器材	現有	待補
石工器材（套）		12
橡皮舟及架橋材料（套）		4
浮水衣（件）		120
操舟機（具）		8
拉合繩（根）		160
捆繩（根）		2,000
單滑車（具）	2	6
複滑車（具）	2	
補破器材	現有	待補
電器點火機（具）	4	12
導通試驗器（具）	4	12
抵抗器（具）	1	15
電壓電流表（具）		16
緩燃導火索（公尺）	17	1,029

九三軍		
爆炸導火索（公尺）	650	1,750
雷管（個）	460	1,340
信管（個）		800
單心導電線（公尺）	1,220	10,780
有環小刀（把）	8	88
膠布（并）	6	190
15V電池（個）	27	69
地雷（個）	2,000	
炸藥（公斤）	12,148	
爆發罐（個）	40	200
坑道器材（套）		12
近戰器材	現有	待補
火焰噴射器（具）		36
地雷按索器（具）	33	89
制式破壞筒（具）		36
鐵絲剪（把）	872	405
煙幕罐（個）		200
砍刀（把）		7,854

二〇七師			
土工器具	編制	現有	待補
元鍬（把）	2,103	106	1,997
小元鍬（把）	7,091	6,239	752
十字鎬（把）	1,628	461	1,227
小十字鎬（把）	3,695	2,694	1,001
鉈刀（把）	27	21	6
隱顯燈（盞）	27		27
木工器材	編制	現有	待補
大斧（把）	278	297	
手斧（把）	1,013	588	425
大鋸（把）	273	88	185
手鋸（把）	821	56	765
鐵絲鉗（把）	1,166	465	701
燕尾錘（把）	11		11
曲尺（把）	9		9
渡河器材	編制	現有	待補
石工器材（套）	3		3
橡皮舟及架橋材料（套）	1		1
浮水衣（件）	30		30
操舟機（具）	2		2
拉合繩（根）	40		40

二〇七師			
捆繩（根）	500		
單滑車（具）	2		
補破器材	編制	現有	待補
電器點火機（具）	4		
導通試驗器（具）	4		
抵抗器（具）	4		
電壓電流表（具）	4		
緩燃導火索（公尺）	300		
爆炸導火索（公尺）	600	1,000	
雷管（個）	450	2,010	
信管（個）	200		
單心導電線（公尺）	300		
有環小刀（把）	24		
膠布（幷）	50		
15V 電池（個）	24		
地雷（個）	40	3400	
炸藥（公斤）	135	2810	
爆發罐（個）	60		
坑道器材（套）	3		
近戰器材	編制	現有	待補
火焰噴射器（具）	9		
地雷按索器（具）	28	9	9
制式破壞筒（具）	9		3
鐵絲剪（把）	1,067	984	418
煙幕罐（個）	50		
砍刀（把）	7,091		2,484

新編五〇師			
土工器具	編制	現有	待補
元鍬（把）	636	188	448
小元鍬（把）	2,484	912	1,512
十字鎬（把）	429	86	443
小十字鎬（把）	1,312	699	723
鉈刀（把）	9	6	3
隱顯燈（盞）	9		9
木工器材	編制	現有	待補
大斧（把）	96	85	11
手斧（把）	367	160	207
大鋸（把）	102	33	69
手鋸（把）	292	122	170
鐵絲鉗（把）	430	212	228

新編五○師

補破器材	編制	現有	待補
電器點火機（具）	1		1
導通試驗器（具）	2		2
抵抗器（具）	2		2
電壓電流表（具）	2		2
緩燃導火索（公尺）	50		50
爆炸導火索（公尺）	100		100
雷管（個）	100		100
信管（個）	50		50
單心導電線（公尺）	1,000		1,000
有環小刀（把）	6		6
膠布（并）	10		10
炸藥（公斤）	25		25
爆發罐（個）	10		10
近戰器材	編制	現有	待補
地雷按索器（具）	9		9
制式破壞筒（具）	3		3
鐵絲剪（把）	418	132	286
砍刀（把）	2,484	762	1,722

新編五二師

土工器具	現有	待補
元鍬（把）	332	304
小元鍬（把）	898	1,596
十字鎬（把）	192	
小十字鎬（把）	635	677
鉈刀（把）		9
隱顯燈（盞）		9
木工器材	現有	待補
大斧（把）	108	
手斧（把）	136	231
大鋸（把）	33	79
手鋸（把）	124	168
鐵絲鉗（把）	212	218
補破器材	現有	待補
電器點火機（具）		1
導通試驗器（具）		2
抵抗器（具）		2
電壓電流表（具）		2
緩燃導火索（公尺）		50
爆炸導火索（公尺）		100

新編五二師		
雷管（個）		100
信管（個）		50
單心導電線（公尺）		1,000
有環小刀（把）		6
膠布（幷）		10
炸藥（公斤）		25
爆發罐（個）		10
近戰器材	現有	待補
地雷按索器（具）		9
制式破壞筒（具）		3
鐵絲剪（把）	125	293
砍刀（把）	762	1,722

新編六三師		
土工器具	現有	待補
元鍬（把）	98	546
小元鍬（把）	710	1,774
十字鎬（把）	65	364
小十字鎬（把）	100	1,212
鉈刀（把）		9
隱顯燈（盞）		9
木工器材	現有	待補
大斧（把）	108	
手斧（把）	49	318
大鋸（把）		102
手鋸（把）	8	184
鐵絲鉗（把）		480
螺鑽（把）		430
補破器材	現有	待補
電器點火機（具）		1
導通試驗器（具）		2
抵抗器（具）		2
電壓電流表（具）		2
緩燃導火索（公尺）		50
爆炸導火索（公尺）		100
雷管（個）		100
信管（個）		50
單心導電線（公尺）		1,000
有環小刀（把）		6
膠布（幷）		10
炸藥（公斤）		25

新編六三師		
爆發罐（個）		10
近戰器材	現有	待補
地雷按索器（具）		9
制式破壞筒（具）		3
鐵絲剪（把）	82	136
砍刀（把）		2,484

合計			
土工器具	編制	現有	待補
元鍬（把）	35,718	17,060	18,658
小元鍬（把）	101,895	54,568	847,327
十字鎬（把）	24,889	17,961	6,928
小十字鎬（把）	56,705	54,102	22,603
鉈刀（把）		1,273	
隱顯燈（盞）		157	
木工器材	編制	現有	待補
大斧（把）	9,047	3,304	5,743
手斧（把）	17,506	8,746	8,760
大鋸（把）	1,028	1,271	
手鋸（把）	12,538	12,943	
鐵絲鉗（把）	19,139	9,720	9,419
螺鑽（把）		32	
鑿（把）	2,376	155	2,221
粗鉋（把）	246	18	246
燕尾鎚（把）	495	124	371
曲尺（把）	405		405
渡河器材	編制	現有	待補
石工器材（套）	135		135
橡皮舟及架橋材料（套）	45	8	37
浮水衣（件）	162		162
操舟機（具）	90		90
拉合繩（根）	216		216
捆繩（根）	22,500		22,500
單滑車（具）	90	19	71
複滑車（具）	90	10	80
補破器材	編制	現有	待補
電器點火機（具）	183	25	158
導通試驗器（具）	186	12	174
抵抗器（具）	186	8	178
電壓電流表（具）	186		186
緩燃導火索（公尺）	13,650	1,659	1,191

合計			
爆炸導火索（公尺）	2,730	2,639	91
雷管（個）	20,550	7,307	13,243
信管（個）	9,150	1,984	7,166
單心導電線（公尺）	1,386,000	7,526	131,074
有環小刀（把）	1,260	41	1,219
膠布（并）	2,280	12	2,268
15V 電池			
地雷（個）	1,800	16,685	
炸藥（公斤）	6,150	18,371	
爆發罐（個）	2,730	40	2,690
坑道器材（套）	135		135
近戰器材	編制	現有	待補
火焰噴射器（具）	405		405
地雷按索器（具）	1,287	218	1,069
制式破壞筒（具）	414		414
鐵絲剪（把）	27,522	7,739	19,783
煙幕罐（個）	2,250		2,250
砍刀（把）	101,111	28,239	72,872
各種美式器材	編制	現有	待補
#1 班用木工器材（套）		63	
#1 排用木工器材（套）		54	
#1 班用土工器材（套）		10	
#1 排用木工器材（套）		20	
#1 班用爆破器材（套）		50	
#1 排用爆破器材（套）		22	
騎兵掘壕器材（套）		46	
#2 排用木工器材（套）		1	
簡易測繪器材（套）		1	1

附記：新一軍吉長、北寧會戰消耗數量未報，故該次會戰消耗數仍
　　　列在現有數內。

附表
國民政府主席東北行轅三十六年度撥補各部隊
主要工兵器材數量統計表

品名	新一軍	新六軍	十三軍	四九軍
國造元鍬（把）	10,142	9,691	4,075	6,495
十字鎬（把）	5,708	6,187	2,437	4,397
鐵絲鉗（把）	2,087	1,537		1,159
鐵絲剪（把）	1,256	1,300	386	936
大（手）斧（把）	1,588	2,075	771	881
大（手）鋸（把）	1,369	1,100	36	36
砍（鉈）刀（把）	4,682	4,374	1,438	1,438
地雷（個）	4,400	3,000		
炸藥（公斤）	100			
雷（信）管（個）	6,500	6,380		
導火索（公尺）	1,400	170		
刺絲（捲）	600	510		
鉛絲（捲）	164			
美式排用木工器具（套）		1		
班用木工器具（套）				
排用爆破器具（套）		5		
騎兵掘壕器具（套）				12
地雷搜索器（套）	33	25	8	
三十米手提照明燈（具）	4	4		
經緯儀（具）				
測儀（具）				
水平儀（具）				

品名	五二軍	五三軍	六〇軍	七一軍
國造元鍬（把）	13,238	8,117	13,230	13,058
十字鎬（把）	7,439	4,587	6,847	7,357
鐵絲鉗（把）	1,725	1,195	1,221	1,233
鐵絲剪（把）	1,430	7,624	1,058	1,255
大（手）斧（把）	2,424	1,453	1,930	1,413
大（手）鋸（把）	1,053	860	991	1,057
砍（鉈）刀（把）	4,686	4,638	4,711	4,784
地雷（個）	5,000	2,000	3,399	2,424
炸藥（公斤）	33,220	150	400	622
雷（信）管（個）	3,400	4,300	2,350	14,620
導火索（公尺）	2,575	725	3,550	1,045
刺絲（捲）	160	100	100	1,015
鉛絲（捲）			5	
美式排用木工器具（套）	1			2
班用木工器具（套）				1
排用爆破器具（套）	1			
騎兵掘壕器具（套）				
地雷搜索器（套）	33	32	33	32
三十米手提照明燈（具）	4		4	4
經緯儀（具）				
測儀（具）				
水平儀（具）				

品名	九三軍	二〇七師	工兵十團	工兵十二團
國造元鍬（把）	7,618	4,623	179	387
十字鎬（把）	4,252	517	459	291
鐵絲鉗（把）	1,206	238	91	131
鐵絲剪（把）	796	238	109	302
大（手）斧（把）	1,305	336	213	211
大（手）鋸（把）	601	111	153	90
砍（鉈）刀（把）	4,705	3,911	264	61
地雷（個）	1,063	3,040		
炸藥（公斤）	17,432	6,000	113	
雷（信）管（個）	3,200	5,300		600
導火索（公尺）	3,850	10,175		590
刺絲（捲）			150	500
鉛絲（捲）		200		
美式排用木工器具（套）				
班用木工器具（套）				
排用爆破器具（套）				
騎兵掘壕器具（套）		12		
地雷搜索器（套）	33	9	20	
三十米手提照明燈（具）	4			
經緯儀（具）			1	1
測儀（具）			1	1
水平儀（具）			1	1

品名	保安支隊	其他機關部隊	暫五〇師	暫五一師
國造元鍬（把）	11,470	13,093	1,820	800
十字鎬（把）	3,887	6,574	958	315
鐵絲鉗（把）		155	212	
鐵絲剪（把）	1,026	503	200	82
大（手）斧（把）	2,323	413	307	157
大（手）鋸（把）	168	145	157	8
砍（鉈）刀（把）		304	768	
地雷（個）	246	2,540	400	
炸藥（公斤）		381,395		
雷（信）管（個）	1,230	3,410		
導火索（公尺）	3,975	3,783		
刺絲（捲）	396	586		
鉛絲（捲）		1,015		
美式排用木工器具（套）		4		
班用木工器具（套）				
排用爆破器具（套）				
騎兵掘壕器具（套）				
地雷搜索器（套）		2		
三十米手提照明燈（具）				
經緯儀（具）				
測儀（具）				
水平儀（具）				

品名	暫五二師	暫五三師	暫五四師	暫五五師
國造元鍬（把）	1,820	1,820	1,820	1,820
十字鎬（把）	958	958	958	958
鐵絲鉗（把）	212	212	212	212
鐵絲剪（把）	200	200	200	82
大（手）斧（把）	307	307	307	307
大（手）鋸（把）	157	157	157	157
砍（鉈）刀（把）	768	768	768	768
地雷（個）		200	500	
炸藥（公斤）				
雷（信）管（個）				
導火索（公尺）				
刺絲（捲）				
鉛絲（捲）				
美式排用木工器具（套）				
班用木工器具（套）				
排用爆破器具（套）				
騎兵掘壕器具（套）				
地雷搜索器（套）				
三十米手提照明燈（具）				
經緯儀（具）				
測儀（具）				
水平儀（具）				

品名	暫五六師	暫五七師	暫五八師	暫五九師
國造元鍬（把）	1,820	800	1,820	2,740
十字鎬（把）	958	165	958	958
鐵絲鉗（把）	212		212	212
鐵絲剪（把）	200	82	200	247
大（手）斧（把）	307	157	307	563
大（手）鋸（把）	157	8	157	157
砍（鉈）刀（把）	768		768	768
地雷（個）	700		1,900	500
炸藥（公斤）				
雷（信）管（個）			120	
導火索（公尺）			25	
刺絲（捲）			100	
鉛絲（捲）				
美式排用木工器具（套）				
班用木工器具（套）				
排用爆破器具（套）				
騎兵掘壕器具（套）				
地雷搜索器（套）				
三十米手提照明燈（具）				
經緯儀（具）				
測儀（具）				
水平儀（具）				

品名	暫六〇師	暫六一師	暫六二師	騎兵獨一團	合計
國造元鍬（把）	2,280	1,020	2,602	309	138,707
十字鎬（把）	973	643	1,532	157	72,388
鐵絲鉗（把）	212	212	342	24	14,464
鐵絲剪（把）	265	118	304	28	14,672
大（手）斧（把）	451	150	286	61	22,106
大（手）鋸（把）	157	149	277	45	10,545
砍（鉈）刀（把）	768	768	1,953		52,873
地雷（個）	200				29,572
炸藥（公斤）					439,432
雷（信）管（個）					51,410
導火索（公尺）					31,863
刺絲（捲）					2,417
鉛絲（捲）					1,384
美式排用木工器具（套）					8
班用木工器具（套）					1
排用爆破器具（套）					6
騎兵掘壕器具（套）					24
地雷搜索器（套）					260
三十米手提照明燈（具）					24
經緯儀（具）					2
測儀（具）					2
水平儀（具）					2

附表
國民政府主席東北行轅所屬各部隊
八月份以前及吉長、北寧會戰損耗各種器材數量統計表

八月份以前耗損數量				
品名	新一軍	新六軍	一三軍	四九軍
元鍬（把）	962	893	55	
十字鎬（把）	1,045	533	43	
小元鍬（把）	1,727	1,137	369	
小十字鎬（把）	784	699	10	
鐵絲剪（把）	6	71	22	
鐵絲鉗（把）	70	41	2	
大斧（把）	268	111		
手斧（把）	21	29		
手鋸（把）	33	14		
大鋸（把）	53	15	5	
砍刀（把）		1,840		
短柄鍬（把）				
鉈刀（把）		1,840		
隱顯燈（盞）		3	4	
燕尾錘（把）		11		
單滑車（個）		1		
雙滑車（個）				
電器點火機（具）		14		
導通試驗器（具）				
抵抗器（具）		1		
電壓電流表（具）				
緩燃導火索（公尺）	500	57	28	
爆炸導火索（公尺）		25	398	
雷管（個）		14	349	
信管（個）	1,500		75	
單心導電線（公尺）			700	
膠布（并）		3		
地雷（個）				
炸藥（公斤）	200	28	89	
爆發罐（個）				
地雷搜索器（具）		3		
皮捲尺（根）		3		
排用爆破器材（套）	2			
簡易測繪器材（套）	17			
班用爆破器材（套）	14			
#2 排用木工器材（套）				

八月份以前耗損數量				
品名	新一軍	新六軍	一三軍	四九軍
#2 班用木工器材（套）	5			
騎兵掘壕器材（套）	10			2
#2 排用土工器材（套）				
#2 排用土工器材（套）	3			
煙幕罐（個）				
#1 排用木工器材（套）	1			3
#1 排用土工器材（套）				2
#1 班用土工器材（套）				2
#1 班用木工器材（套）				1

八月份以前耗損數量				
品名	五二軍	五三軍	六〇軍	七一軍
元鍬（把）	481	255	4,567	9,747
十字鎬（把）	276	102	2,496	8,140
小元鍬（把）	629	15	3,925	5,798
小十字鎬（把）	645	82	1,990	2,837
鐵絲剪（把）	47	41	259	509
鐵絲鉗（把）	25	20	263	71
大斧（把）	51	25	376	1,697
手斧（把）	85	14	784	1,029
手鋸（把）	61		477	689
大鋸（把）	11		21	228
砍刀（把）	2		32	6
短柄鍬（把）				
鉈刀（把）		4	32	61
隱顯燈（盞）		50	23	
燕尾鎚（把）	11		18	
單滑車（個）	1			2
雙滑車（個）				
電器點火機（具）			2	5
導通試驗器（具）	2		1,015	
抵抗器（具）				
電壓電流表（具）			6	
緩燃導火索（公尺）	1	155	674	545
爆炸導火索（公尺）	5			
雷管（個）	700	278	226	7,530
信管（個）	599	54	1,194	5,530
單心導電線（公尺）	1,734			1,500
膠布（并）	2			5
地雷（個）	6		1,004	440

八月份以前耗損數量				
品名	五二軍	五三軍	六〇軍	七一軍
炸藥（公斤）	1,089	60	1,682	822
爆發罐（個）				
地雷搜索器（具）				2
皮捲尺（根）	3			6
排用爆破器材（套）	3		3	13
簡易測繪器材（套）				
班用爆破器材（套）	1		10	4
#2 排用木工器材（套）			3	
#2 班用木工器材（套）		16		
騎兵掘壕器材（套）		6	3	
#2 排用土工器材（套）		3		
#2 班用土工器材（套）		4		
煙幕罐（個）		65		
#1 排用木工器材（套）			9	
#1 排用土工器材（套）			12	
#1 班用土工器材（套）			4	
#1 班用木工器材（套）			26	

八月份以前耗損數量				
品名	九三軍	二〇七師	各暫編師（五〇-六〇）	交警二總局
元鍬（把）	515	522	362	10
十字鎬（把）	228	333	272	321
小元鍬（把）	501	198	1,313	
小十字鎬（把）	340	590	1,119	268
鐵絲剪（把）			69	
鐵絲鉗（把）	2	12	258	
大斧（把）		17	242	
手斧（把）	46	60	42	
手鋸（把）	40	11	11	
大鋸（把）				
砍刀（把）	2			
短柄鍬（把）				
鉈刀（把）	16	7		
隱顯燈（盞）				
燕尾錘（把）				
單滑車（個）				
雙滑車（個）				
電器點火機（具）				
導通試驗器（具）				
抵抗器（具）				
電壓電流表（具）				
緩燃導火索（公尺）	675	650		
爆炸導火索（公尺）				
雷管（個）	679			
信管（個）	1,231			
單心導電線（公尺）				
膠布（并）	7			
地雷（個）		151		
炸藥（公斤）	507			
爆發罐（個）	2			
地雷搜索器（具）				
皮捲尺（根）				

八月份以前耗損數量				
品名	裝甲兵團	戰車三團一營	鐵甲車一總隊	重砲十一團
元鍬（把）	36	3	10	99
十字鎬（把）	41	2		141
小元鍬（把）			15	
小十字鎬（把）				
鐵絲剪（把）				
鐵絲鉗（把）			2	3
大斧（把）				38
手斧（把）			1	14
手鋸（把）			1	
大鋸（把）				12
砍刀（把）				54
短柄鍬（把）				
鉈刀（把）				215
隱顯燈（盞）				
燕尾錘（把）			1	
單滑車（個）				
雙滑車（個）				
電器點火機（具）				
導通試驗器（具）				
抵抗器（具）				
電壓電流表（具）				
緩燃導火索（公尺）		1		
爆炸導火索（公尺）		5		
雷管（個）		5		
信管（個）		5		
單心導電線（公尺）				
膠布（并）				
地雷（個）				
炸藥（公斤）		15		
爆發罐（個）				
地雷搜索器（具）				
皮捲尺（根）				

品名	砲十六團	行轅警衛一團	憲教二團	重砲一二團	砲一六團
八月份以前耗損數量					
元鍬（把）	21	90	37	30	
十字鎬（把）		45	26	45	
小元鍬（把）		96	47		9
小十字鎬（把）	9	60	35		9
鐵絲剪（把）		10			
鐵絲鉗（把）		20		15	
大斧（把）				44	
手斧（把）		40	8		
手鋸（把）		38		17	
大鋸（把）			10		
砍刀（把）					
短柄鍬（把）					
鉈刀（把）				160	
隱顯燈（盞）					
燕尾錘（把）					
單滑車（個）					
雙滑車（個）					
電器點火機（具）					
導通試驗器（具）					
抵抗器（具）					
電壓電流表（具）					
緩燃導火索（公尺）					
爆炸導火索（公尺）					
雷管（個）					
信管（個）					
單心導電線（公尺）					
膠布（幷）					
地雷（個）					
炸藥（公斤）					
爆發罐（個）					
地雷搜索器（具）					
皮捲尺（根）					

中長、北寧、遼南會戰損耗數量				
品名	新六軍	五二軍	九三軍	四九軍
元鍬（把）	68	1,065	569	1,071
十字鎬（把）	65	471	457	1,279
小元鍬（把）	129	1,154	846	1,504
小十字鎬（把）	84	895	182	978
鐵絲剪（把）	10	47	52	173
鐵絲鉗（把）	6	55		41
大斧（把）	13	74	92	191
手斧（把）	11	119	139	456
手鋸（把）	2	38	18	12
大鋸（把）	3	6		
砍刀（把）	49	30	21	
短柄鍬（把）				
鉈刀（把）	40	17	19	44
隱顯燈（盞）				45
燕尾錘（把）	1	1	5	15
單滑車（個）				
雙滑車（個）				
電器點火機（具）		2		2
導通試驗器（具）				
抵抗器（具）				
電壓電流表（具）				
緩燃導火索（公尺）		190	840	500
爆炸導火索（公尺）	1,500	400	70	
雷管（個）		340	700	741
信管（個）		480	750	
單心導電線（公尺）				
膠布（并）		6		1
地雷（個）		115	770	
炸藥（公斤）		808	2,450	80
爆發罐（個）				4
地雷搜索器（具）	2			1
皮捲尺（根）	2			11
排用爆破器材（套）				
簡易測繪器材（套）				
班用爆破器材（套）				
#2 排用木工器材（套）				
#2 班用木工器材（套）				
騎兵掘壕器材（套）				
#2 排用土工器材（套）				
#2 班用土工器材（套）				

中長、北寧、遼南會戰損耗數量				
品名	新六軍	五二軍	九三軍	四九軍
煙幕罐（個）				
#1 排用木工器材（套）				
#1 排用土工器材（套）				
#1 班用土工器材（套）				
#1 班用木工器材（套）				

中長、北寧、遼南會戰損耗數量				
品名	五三軍	六〇軍	七一軍	二〇七師
元鍬（把）	449	551	12	606
十字鎬（把）	2,484	61	3	115
小元鍬（把）	3,392	1,429		1,519
小十字鎬（把）	87	447		711
鐵絲剪（把）	453	127		158
鐵絲鉗（把）		64	1	48
大斧（把）	275	69		52
手斧（把）	369	154	2	71
手鋸（把）		61		34
大鋸（把）	210	13		
砍刀（把）		62		
短柄鍬（把）				
鉈刀（把）	44			
隱顯燈（盞）		7		
燕尾鑢（把）		24		
單滑車（個）				
雙滑車（個）				
電器點火機（具）	14			
導通試驗器（具）		1		
抵抗器（具）				
電壓電流表（具）				
緩燃導火索（公尺）	356			9,400
爆炸導火索（公尺）			1,000	
雷管（個）	1,094			3,050
信管（個）		6		100
單心導電線（公尺）	400	900		
膠布（并）				
地雷（個）		669		629
炸藥（公斤）	68	604		190
爆發罐（個）				
地雷搜索器（具）	23			
皮捲尺（根）		2		

中長、北寧、遼南會戰損耗數量				
品名	五三軍	六〇軍	七一軍	二〇七師
排用爆破器材（套）	7			
簡易測繪器材（套）	7			
班用爆破器材（套）	8	2		
#2 排用木工器材（套）	15	2		
#2 班用木工器材（套）				
騎兵掘壕器材（套）		3		
#2 排用土工器材（套）				
#2 班用土工器材（套）				
煙幕罐（個）				
#1 排用木工器材（套）		1		
#1 排用土工器材（套）		2		
#1 班用土工器材（套）		1		
#1 班用木工器材（套）		4		

中長、北寧、遼南會戰損耗數量				
品名	暫五九師	暫五〇師	暫五四師	暫五六師
元鍬（把）	13	289		17
十字鎬（把）	5	28		
小元鍬（把）	34		4	528
小十字鎬（把）	21			3
鐵絲剪（把）				29
鐵絲鉗（把）			3	
大斧（把）	6	52		5
手斧（把）		18	2	9
手鋸（把）		5		2
大鋸（把）				
砍刀（把）				
短柄鍬（把）				
鉈刀（把）				
隱顯燈（盞）				
燕尾錘（把）				

中長、北寧、遼南會戰損耗數量				
品名	暫五八師	暫六〇師	保七支隊	保三支隊
元鍬（把）	10			
十字鎬（把）				
小元鍬（把）		26	200	20
小十字鎬（把）			12	200
鐵絲剪（把）		2	5	
鐵絲鉗（把）	1			2
大斧（把）	1	13		
手斧（把）		13		
手鋸（把）				
大鋸（把）				
砍刀（把）				
短柄鍬（把）				
鉈刀（把）				
隱顯燈（盞）				
燕尾錘（把）				

中長、北寧、遼南會戰損耗數量				
品名	裝甲兵團	砲十六團	工十團	交警二總局
元鍬（把）	4	14	25	
十字鎬（把）	3	10		4
小元鍬（把）				97
小十字鎬（把）		10	32	57
鐵絲剪（把）			5	
鐵絲鉗（把）				
大斧（把）				
手斧（把）	2	1	6	
手鋸（把）				
大鋸（把）				
砍刀（把）				
短柄鍬（把）				
鉈刀（把）				
隱顯燈（盞）				
燕尾錘（把）				

品名	八月份以前耗損數量	中長、北寧、遼南會戰損耗數量	合計
元鍬（把）	18,704	4,763	23,467
十字鎬（把）	13,089	2,830	15,919
小元鍬（把）	15,194	10,497	26,488
小十字鎬（把）	9,469	3,733	13,231
鐵絲剪（把）	1,035	1,477	2,112
鐵絲鉗（把）	824	218	1,042
大斧（把）	2,869	745	3,714
手斧（把）	2,173	1,374	3,547
手鋸（把）	1,408	172	1,580
大鋸（把）	355	232	587
砍刀（把）	1,936	162	2,098
短柄鍬（把）	6	0	6
鉈刀（把）	2,355	164	2,519
隱顯燈（盞）	80	7	87
燕尾錘（把）	41	46	87
單滑車（個）	4	0	4
雙滑車（個）	0	0	0
電器點火機（具）	25	18	43
導通試驗器（具）	1,017	2	1,020
抵抗器（具）	1	0	1
電壓電流表（具）	6	0	6
緩燃導火索（公尺）	3,246	11,886	14,532
爆炸導火索（公尺）	1,623	2,970	4,593
雷管（個）	9,716	5,925	15,641
信管（個）	10,188	1,330	11,518
單心導電線（公尺）	4,434	1,300	5,734
膠布（并）	17	7	24
地雷（個）	1,833	2,183	4,016
炸藥（公斤）	4,492	4,160	8,654
爆發罐（個）	42	4	57
地雷搜索器（具）	5	26	31
皮捲尺（根）	12	15	27
排用爆破器材（套）	21	7	28
簡易測繪器材（套）	17	7	24
班用爆破器材（套）	29	10	39
#2排用木工器材（套）	3	17	20
#2班用木工器材（套）	21	10	31
騎兵掘壕器材（套）	21	14	35
#2排用土工器材（套）	3	11	14
#2班用土工器材（套）	7	11	18

品名	八月份以前耗損數量	中長、北寧、遼南會戰損耗數量	合計
煙幕罐（個）	65	0	65
#1 排用木工器材（套）	13	1	14
#1 排用土工器材（套）	14	2	16
#1 班用土工器材（套）	6	1	7
#1 班用木工器材（套）	27	4	31

附記：吉長、北寧會戰損耗數量新一軍未列入，因該軍未報來。

附圖　東北收復區守備工事位置圖
卅六年十二月十八日

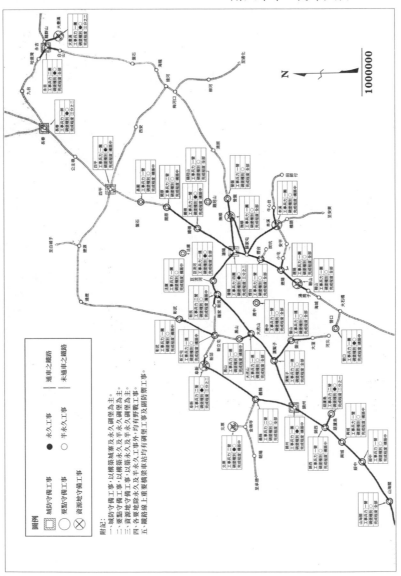

附圖　四平會戰前鐵路交通概況圖

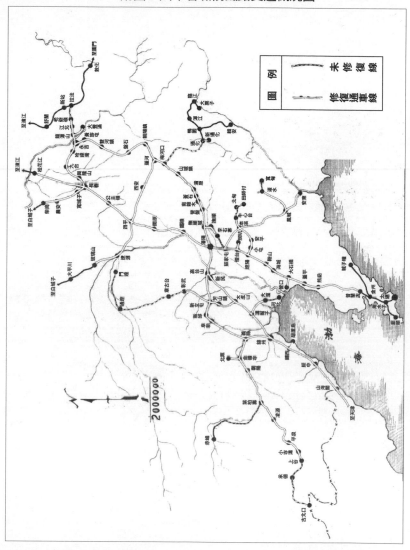

附圖　四平會戰後鐵路交通概況圖

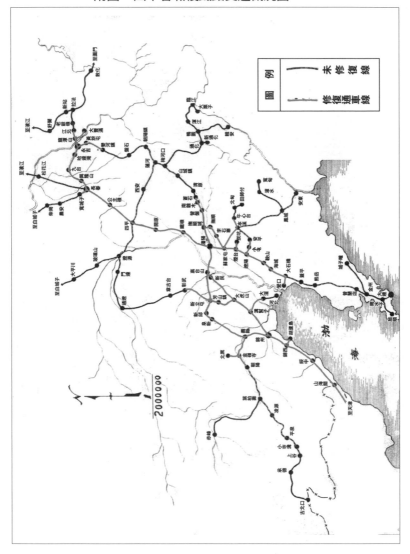

附圖　中長、北寧路會戰後鐵路交通概況圖

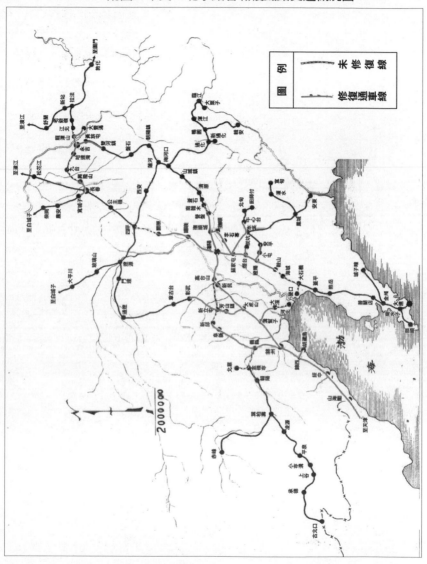

附圖　東北收復區公路狀況圖

三十六年十二月十八日

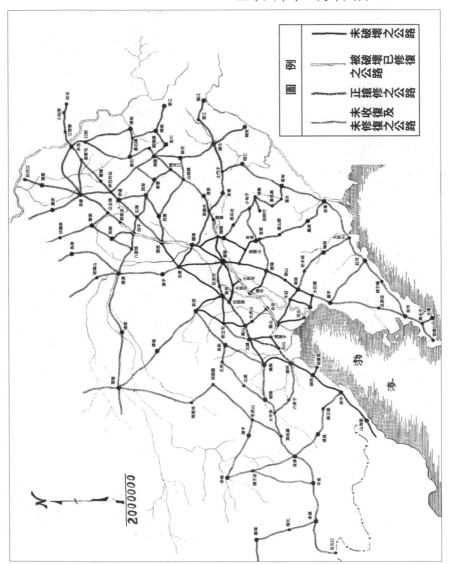

其十二　通信

一、通信部隊部署

　　查卅六年九月以前本轄區所有通信部隊，除轉任兵
站補給通信一個獨立營外，僅有一個團（含四營），以
東北區幅員遼闊，兵力過小，運用困難，雖經劃分管區
如附圖一，終有捉襟見肘之感。迨九月中旬由關內增撥
兩個營，擴為兩個團（通六、九團），重新部署，改劃
管區，分層負責，運用指揮較臻靈活，其兵力部署如附
圖二。

二、有線電設施

　　本年度有線電設施約可分為前後兩期，茲分陳
如左：

1. 前期

　　自經吉長會戰、農安德惠解圍以及通化戰役，將奸
匪東■於長白山，■北逐至松花江北，是時接收地區擴
大，除有線電話主要幹線均能及時搶修而使暢通外，兼
致力於鄉村警備話線之搶修，俾輔主要幹線之不足，亦
復不少，其設施連絡情形如附圖三。

2. 後期

　　四平會戰後因戰略變更之需要，集中兵力以擊潰奸
匪主力為主，遂將無關重要之城市先後放棄，其時有線
電設施連絡情形如附圖四。

三、無線電連絡

本部與各級部隊間（至師）構成嚴密之無線電報網如附圖五，並於長春、永吉、四平、遼陽、新民、葫蘆島、錦州、鐵嶺等各重要據點另構成無線電報網如附圖六，至此有、無線電雙層設施，電報、電話互為使用，通信連絡乃終始無間。

四、陸空連絡

東北區陸空連絡符號之規定由本部擬訂統一頒發，其平面與對空無線連絡由空軍總部派配之陸空連絡第七組專責會辦，空電台分配重要據點或兵團司令部為原則。

附圖一　東北區卅六年九月以前通信管區劃分要圖

37 年 8 月 22 日　通信指揮部調製

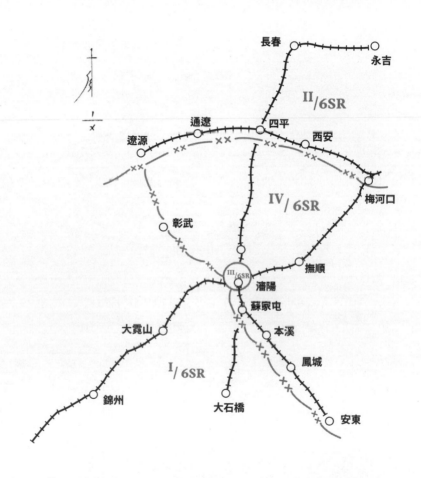

附圖二　三十六年九月以後東北區通信部隊配置要圖

37 年 8 月 22 日　通信指揮部調製

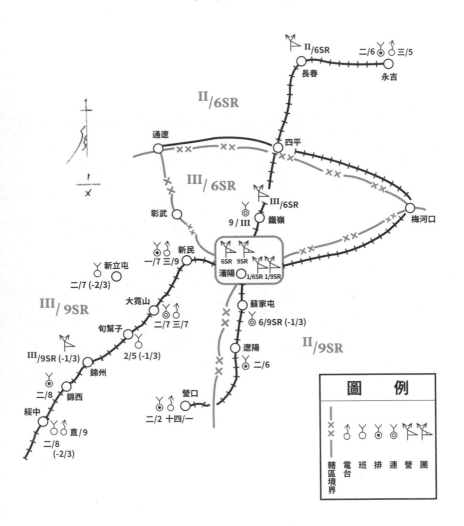

附圖三　東北區卅六年五月以前（四平會戰以前）
有線電話通信網圖

37 年 8 月 23 日　通信指揮部調製

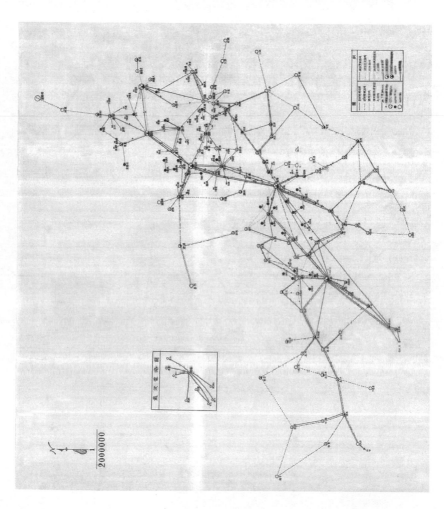

附圖四　東北區卅六年十二月份有線電話通信網圖
37 年 8 月 23 日　通信指揮部調製

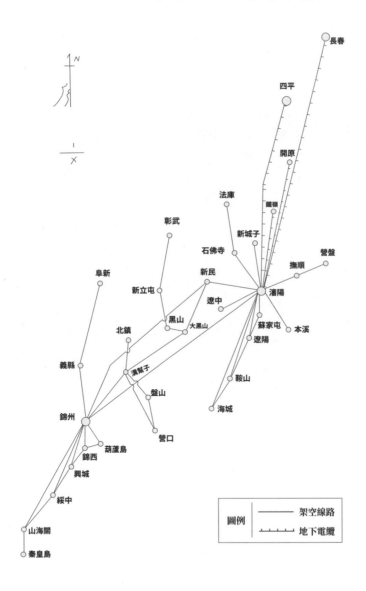

附圖五　東北區無線電通信網連絡圖

37 年 8 月 22 日　通信指揮部調製

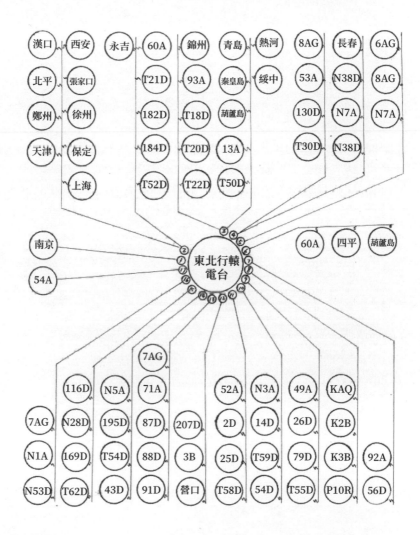

附圖六　東北區無線電話連絡圖
37 年 8 月 22 日　通信指揮部調製

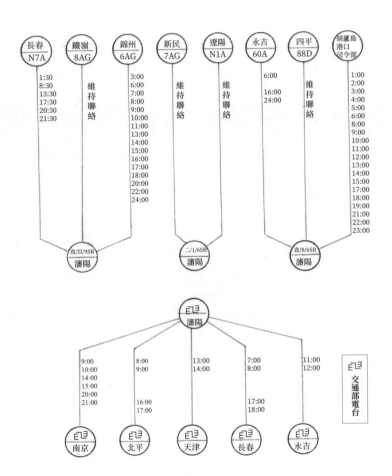

第四、綏靖作戰

其一、綏靖

一、綏靖實施概況

　　本轅賡續三十五年之綏靖任務，對於轄境內收復地區綏靖之實施，首重清剿聯防，組訓民眾，編組地方武力及綏靖地方等中心工作，並按三十五年度劃分之五個綏靖區（如附圖），統一指揮該區內之軍、警、憲、政、黨、團，實施清剿聯防，確樹地方政權，根除匪患，責成各該區司令官實施之。迄五月廿六日奉主席蔣卅六辰防創邵代電改劃本轅與北平行轅之作戰地境（東北、臨榆不含，沿遼、冀、熱省界至寬城經平泉、寧城、赤峰抵林西，迄熱、察省界之線，線上屬本轅），將冀東、熱西歸劃北平行轅，並成立熱西綏靖區，以十三軍軍長石覺兼任指揮官，歸併北平行轅序列。嗣為統一遼東方面部隊之指揮作戰，乃成立第六綏靖區，將第四綏靖區歸併五、六綏靖區內，由陳明仁、廖耀湘分任指揮之，當時之綏靖區分劃（如附圖二）。自五月中旬匪軍發動第五次傾巢竄犯，我軍為集結兵力，將各次要據點相繼自動放棄，大據點亦多形孤立，作戰地域縮小，遂撤銷綏靖區，成立瀋陽兵團，由廖耀湘兼任司令官，統一指揮瀋陽外圍國軍之作戰，及至九月東北保安司令長官部歸併行轅，並成立第六至第九兵團，分任各地區之指揮作戰，繼又成立瀋陽防守司令部，專成執行

瀋陽警備治安之任務，嗣應作戰需要，設長春、四平、
遼南、錦州各防守軍，統一各該區黨、團、軍、警、
憲、政之指揮，因之連繫密切，配合得宜，收效迅捷，
加強軍民合作力量，是為本年度綏靖實施之概況也。

二、警備

1. 都市警備

（一）為確保瀋陽市之安全，加強市區警備，以防守
　　　司令部與本轅取得密切之連繫，並劃分瀋陽市
　　　為城郊防守區及市內警備區，於城郊周圍各要
　　　點構築堅強工事，配備必要兵力，以預防共匪
　　　不意之奇襲並制壓暴動。

（二）為安定社會秩序，確保地方安寧，由防守司令
　　　部適切指導完成守備，加強軍民之連繫合作，
　　　並澈底保甲組織，加強民眾自衛，清查戶口，
　　　肅清盜源。

2. 工礦要地及機場警備

（一）工礦警備

（1）本行轅轄區內之礦場經收復後，即積極籌劃恢
　　　復生產，充實礦警力量，配合國軍護礦部隊擔
　　　任守備，並構築堅固工事，以期各礦場之鞏固
　　　安全。

（2）本年度較大戰事計共六次，其間極力設法確保
　　　各礦廠資源地，故阜新、撫順、鞍山、小豐
　　　滿、本溪、煙台各礦賴以確保，免遭破壞，除
　　　營城子一度失而復得刻，西安、北票兩礦陷匪

外，餘均安全無恙。

（3）在本年十月遼西作戰結束後，更重新策定護礦
計劃，調整護礦兵力，統一護路部署，加強礦
警組織，配合護礦部隊施行機動■■，以達確
保之目的（其計劃如附件一）。

（二）機場警備

現有各機場警備兵力，除飭防守司令部或當地警備
司令部與駐在部隊指派得力部隊為各該機場守備保護之
專任部隊，於各該機場周圍構築堅強工事，嚴行戒備，
與空軍站地勤部隊切取連繫外，並飭各部隊、各省府及
各空軍司令部參照國防部機場維護辦法，對轄區內之機
場及空軍倉庫及其附近一切設施負責維護其安全，如奸
匪秘密破壞，該管主官及當地負責者應負重大責任。

3. 港口警備及沿海防護情形

（一）東北港口現經我方保有並繼續使用者，有秦皇
島、葫蘆島及營口三港，在此一港中僅秦皇島
為半凍港，冬期尚可使用外，葫、營兩港均各
約有四個月之結冰期，對於軍運補給支障甚
多，本年冬鑒及情勢之重要，為期可經冬運航
無歇，經向有關方面洽得破冰船三艘來葫港擔
任破冰工作，實施以來成績尚佳。

（二）前為統一港口警衛兵力之指揮，並加強海上軍
運系統，曾奉准成立秦葫港口司令部，本部設
於秦皇島，指揮兩港所有兵力，統籌一切軍運
事宜，迄今對於東北海運補給裨益良多。

營口港亦於今秋九月間任有守備軍司令官，專負

該港守備部隊指揮之責，警衛力量亦愈益加強。

（三）現各港口陸上警備兵力計

秦皇島	3R ／ T60D 167R ／ 56D 1 個團／冀保 交警 12
葫蘆島	2R ／ T60D
營口	T58D 交警 30

（四）各港外圍之半永久工事均已完成，至永久工事
　　　除營口因動工較晚，須待解凍後方克完成外，
　　　秦、葫兩港均已先後完成，工事強度尚可，碉
　　　數足敷各該港現有兵力之使用。

（五）一年來匪雖曾以切斷我關內外連絡線，破壞我
　　　現有港灣設施為職志，伺機企圖竄擾，然除營
　　　周■於十月上旬曾被匪接近發生激戰，本賴我
　　　陸海兩軍有力協同使匪受創潰退外，秦、葫兩
　　　港迄保安謐。

（六）海上巡弋，本行轅曾電令有關駐軍在沿海各小
　　　海口港交嚴予堵緝，並隨時電知海總部轉令駐
　　　在東北艦艇不斷巡邏截緝，遇有可疑船隻即分
　　　別予以捕獲或擊沉，自膠東作戰後，因匪軍海
　　　軍巢滅覆滅，是項走私船隻已大見減少。

三、護路

1. 守備原則

　　以交通部第二交通警察總局所屬六個警務處（計中
長路警察局所屬綏大、哈滿兩警務處及錦州、瀋陽、吉
林、齊齊哈爾四警務處），兵力約三萬人，分別擔任東

北收復區內各鐵路線之守備，野戰部隊按各作戰地境協助各該轄區內之交警部隊共同護路，俾達確保交通安全之目的。

2. 護路部隊任務區分

（一）交警部隊守護戰線橋梁、涵洞、水塔、通信設施及車場、倉庫等，並維持交通秩序，更控置機動部隊以應急變。

（二）野戰部隊控置機動部隊，分駐各鐵路沿線或其附近各要點，擔任轄區內鐵路線外圍之掃蕩，肅清潛匪，並支援策應交警之作戰及掩護搶修工作，並擔任重要橋梁之守護。

（三）交警部隊督促厲力護路村組織。

（四）鐵路沿線各縣（市）之地方團隊各擔負轄區內鐵路維護之責。

（五）交警部隊負責護路專責，遇匪襲時竭力抵抗，如匪勢眾則固守據點以待機動部隊來援。

3. 指揮系統

（一）直按護路部隊（交警）與要點守備隊（國軍）為期配合連繫之綿密，以發揮護路最大力量起見，指定護路指揮官以收統一指揮之效。

（二）交警部隊除受交警總局指揮外，並受轄區內野戰軍指揮官區處。

4. 鐵路守備工事

（一）為期確保鐵路線諸重要設施（車站、橋梁、涵洞等），依各路交通恢復情形分別構築護路碉堡，俾加強線路守備。

（二）各路碉堡構築情形列左：

（1）北寧路

瀋陽－楊村間總計三六九座，業於卅五年度全部
完成，由國軍、交警分別駐守。

（2）中長路

營口－長春間總計七三座，除千山、鐵嶺段全部
完成二九座，已由交警駐守，其他營口、千山間
及開原、長春間共四四座，因四平北寧路會戰及
時屆冬季難於施工，已暫停修，俟來春解凍即行
復工修建。

（3）瀋吉段

全線核定一〇八座，現僅完成瀋陽、營盤間一
八座，已由護路部隊駐守。

（4）錦古段

全線計劃一三四座（含北票支線），因戰事及氣
候關係尚未興工。

（5）安瀋線

全線計劃九六座，除本溪－安東間已陷匪未修築
外，現蘇家屯－本溪間二二座已完成四座，餘均
完成百分之五十以上，俟來春解凍時續行修築。

（6）其他各線尚未興工。

5. 鐵甲列車及巡查列車

（一）為增強護路力量，由鐵甲車第三大隊特編成巡
查列車，配屬護路部隊擔任鐵路之巡查及策應
護路部隊之作戰。

（二）鐵甲車第三大隊所屬114、115、116、204 各號

四列甲車及特編成保■、保錦、保綏、保義、
保壽、保新、保房、保安、保主、保長、保
吉、保鳳、保順、保海、保山、保西、保鄭及
機動二十列巡查車，分別擔任各鐵路線之巡查
工作。

（三）鐵甲列車 204 號於九月卅日在北寧路網戶車站
作戰被毀，114 號甲車於十一月二日在北寧路
唐家車站作戰被毀，刻正補充修復中。

（四）巡查列車因歷次作戰，刻已被毀七列。

6. 附件

鐵路搶修情形已詳工指部工作報告書內，茲不贅述。

附圖一　東北保安司令長官部綏靖區區劃要圖

十月一日

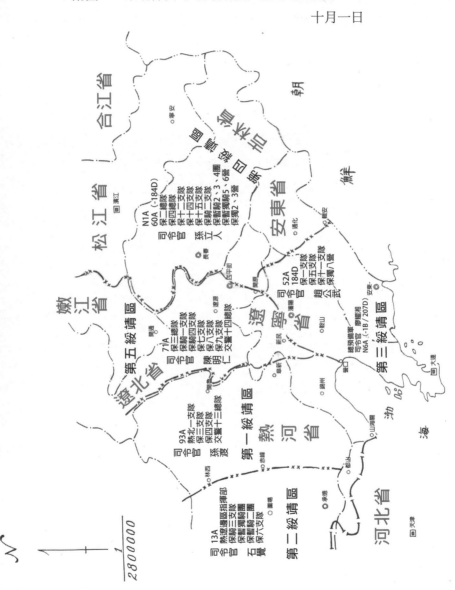

附圖二　東北保安司令長官司令部綏靖分區要圖

三六年五月四日

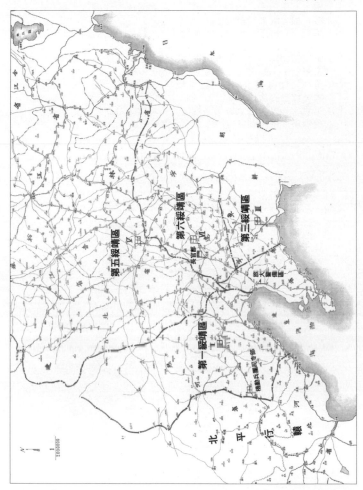

附記：
一、第一綏靖區與北平行轅地境線為東起臨榆（不含），迄遼冀省界－熱冀省界－寬城－平泉－寧城－赤峰－林西－熱察省界之線，線上屬第一綏靖區（東北行轅）。
二、第一、五綏靖區地境線，北起喜札嘎爾旗以北互遼北熱河省界南沿，至桃兒山－五十策子－公營子－八仙湖－喇嘛溝－八家

　子－芳山鎮－唐策－棄林子－蓮花泡之線，線上屬第五綏靖區。

三、第五、六綏靖區地境線，東起會寧互中村－三通河－馬號－八
　　道河子－樺樹林子－橫道河子－煙筒山－營城子－羅圍背－石
　　嶺－五里堡子－通江口－舊門－巨流河－大紅旗堡－蓮花泡之
　　線，線上屬第五綏靖區。

四、第三、六綏靖區地境線，東起朝安互桓仁－八里甸子－官地－
　　南墳－千山站之線，線上屬第三綏靖區。

五、第三綏靖區與旅大警備區地境線為東起大孤山互王家堡子－胡
　　家嶺－千山站之線，線屬大警備區。

六、第一綏靖區與旅大警備區地境線為北起蓮花泡，迄田莊台之
　　線，線上屬旅大警備區。

七、第六綏靖區與旅大警備區地境線為北起大紅旗堡互投長林子－
　　騰鰲堡－千山站之線，線上屬旅大警備區。

其二、作戰

一、各時期戰鬥序列之編配與調整

第一期（卅六年元月至八月底）

卅六年八月以前，國軍之指揮系統以東北保安司令長官部為最高統帥機關，直轄七個軍（十三軍、五十二軍、六十軍、七十一軍、九十三軍、新一軍、新六軍）、十三個保安區（第一至十三保安區）、十七個保安支隊（步兵十二個支隊、騎兵五個支隊），五月奉命將熱河劃入華北戰區，其守備部隊十三軍及保六支隊、騎三支隊隨劃歸北平行轅序列，另增加五三軍，並以交警十三、十四總隊改編為一六九師，撥歸新六軍建制，以整編二〇七師師長官部直轄。

第二期（九月初至十二月底）

（一）九月初東北保安司令長官部與原東北行轅合組軍政一元化之最高統帥機關（東北行轅），全權處理東北軍事、政治、經濟、建設一切事宜，由參謀總長陳兼主其事，將原有之七個軍、一個整編師編組為第一至第四兵團（旋改為第六至第九兵團），並將各保安區保安支隊併編為十三個暫編師及三個騎兵旅，當本就地生產戰力充實部隊之原則，由新一、新六及五二各軍抽撥強有力之一師與各暫編師擴編為新三、新五、新七等三個軍，分屬於各兵團，並成立騎兵司令部統御各騎兵旅。

（二）九月底九二軍、暫三軍先後出關參加北寧路及中長路會戰，歸本轅直接指揮，迄年底開平津歸建，

當時我軍之作戰序列如附表。

二、年初匪我全般態勢（如附圖）

三、一年來重要剿匪戰役戰鬥經過概要

1. 吉長第二次會戰戰役經過

（一）戰鬥前匪我態勢概要

　　一月初松花江以東地區匪軍集結於蛟河、拉法、小城子地區，企圖進窺永吉、小豐滿，同時松江以北地區共匪又分由扶餘、雙城、天嶺、五常等地向陶賴昭、五棵樹、秀水甸子、法特哈門之線集中，有先奪取其塔木，後續向九台、土門嶺竄擾，截斷吉長交通，進而圍攻永吉之企圖。

　　我軍以新卅八師主力控制於永吉、老爺嶺間，一部固守九台、其塔木，第五〇師以一四八團固守農安外，主力集結於松花江、德惠間，新卅師一部在懷德，主力集中長春。

　　附「戰鬥前匪我態勢要圖（附圖第一）」。

（二）影響於作戰之天候、地形、交通及居民狀況

　（1）天候

　　　　冰堅雪深，室外氣溫降至零下四十餘度，人馬呵氣成冰，運動射擊均感困難，兵器故障頻增，土工作業無法實施。

　（2）地形

　　　　戰地丘陵起伏，通視困難，行動不易，房舍稀少，避寒無處，松江及各支流小河凍結堅冰，

不成障礙。

（3）交通

匪我雙方均使用公路、鐵路運輸，但因嚴寒，汽車多有障礙，江水凍結，無舟楫之便。

（4）居民狀況

近匪區者富戶遠徙，貧者亦苦為匪役，相率南遷，戰地幾成堅壁清野，惟留存子民對國軍情感尚好，每見協助。

（三）匪我使用兵力及主官姓名

（1）匪軍

根據情報及俘虜，乃借證明此次來犯之匪計有 1B、20B、21B、N1D、N3D、16D、17D、18D、24B、25B、警衛兩個旅、濱江松江部隊及吉北軍區之四個團，合計約十二萬人，其指揮官計有李玉先、張玉田、曹理懷等。

（2）我軍

新一軍之三個師 N30D、N38D、N50D 及吉長保安團隊先後參加會戰攻勢，轉移時又使用 88D、91D 等部隊，總兵力約六萬人。

（四）戰鬥經過

元月五日匪軍先頭部隊已進至其塔木外圍二、三十里各村莊，六日匪主力第一、二、三師、松江濱江部隊、獨立騎兵團、山砲營、榴彈砲營及蒙古騎兵等兩萬餘人由其塔木西北山地竄至其塔木附近，形成重重包圍之態勢，同時尚有大部匪軍向其塔木西南山地移動，十三時許匪軍開始向我其塔木陣地砲擊，黃昏時第三師

全部利用溝渠向我陣地迫近，重點指向我陣地西南部，我守軍新卅八師第一一三團之一營憑既設陣地與匪對戰，以密集隊形向該營作連續十小時之猛衝，該營傷亡慘重，乃退守預備陣地固守待援，本日十五時許該營與一一三團之有線電話已被截斷，無線電機亦生故障不能發報，與外間聯絡遂完全斷絕，陷於苦戰之險境。

我新卅八師之一一三團王團長于本日得悉其塔木被圍攻之報告後，即以全團主力向其塔木推進，于七日四時許攻佔蘆家屯、西溝，六時許再前進，中匪埋伏，被匪圍攻于張麻子溝、蘆家屯間，混戰至十八時該團已傷亡殆盡，陷於混亂狀態，王團長東籬傍晚自戕殉職，壯烈成仁，而匪之另一部迂迴部隊已進至木石河附近，九台遂受威脅。

我新三八師另由烏拉街方面派一一二團之一營增援其塔木，于七日六時許攻佔石屯後，即被阻于山咀子、邱家溝、郭家窑之線。

六日新一軍派第五〇師之一五〇團之兩個營增援其塔木，該團亦被匪包圍于焦家嶺，戰鬥慘烈，激戰終日，我傷亡百五十名，斃匪三千以上，九日匪再猛攻，該團第一營陣地被陷，營長陣亡，入夜該團以殘部五百餘人突圍。

當一五〇團被圍攻於焦家嶺時，第五〇師又增派一四九團（欠第二營，附一四八團第二營）增援焦家嶺，九日十時許擊潰太平溝之匪，十四時攻入五台，但此時又被匪由我兩翼形成包圍，該團非但無力解焦家嶺之圍，且又有被圍殲之危險，第五〇師乃令該團

先撤至長春嶺，十日拂曉匪攻長春嶺，該團於十二時許撤回德惠。

我其塔木守軍于數日苦戰後，八日午後我空軍前往助戰，守軍乃乘匪軍對空蔭蔽之際實行突圍，經趙家窩棚、新立屯循松江西岸轉進至石屯，與一一二團一營會合，然傷亡慘重，此時已僅除百八十人而已。

匪於攻佔其塔木後主力續向石屯、烏拉街前進，我新卅八師為穩定烏拉街並支援石屯之戰鬥，乃於八日以一一二團主力向烏拉街推進，九日因知其塔木守軍業已突圍至石屯，乃令會同石屯守軍撤至烏拉街。

十日新卅八師以確保永吉之目的重新調整部署，以一一二團移駐三道嶺子、南溝（哈達灣西北）、九台一帶，並以吉林保二團接替老爺嶺防務，而調一一四團于十一日集中永吉，至此其塔木、石屯戰鬥遂告終了。

匪軍自九日起以另一部向松花江竄擾，十日黃昏我五〇師之一連所守備之松花江橋頭堡陣地遂被包圍，該連自十日迄廿二日擊退匪廿次之攻擊，終能固守陣地，實為此會戰最為偉大之一役。

附「元月五日至九日戰鬥經過要圖（附圖第二）」。

本部以擊滅南犯匪軍之目的，乃策定攻勢轉移計劃如次：

（1）抽調七十一軍，刻守備八面城、梨樹、茂林、臥虎屯地區之八八師（缺一團）陸續運運德惠。

（2）刻在桓仁以西協同李濤部圍剿■■■廠、賽馬集一帶之匪軍，九一師趙琳部限十五日到達營盤，開始車運德惠，以上兩師均歸陳軍長明仁指揮，

協同新一軍待機轉移攻勢。

（3）五〇師潘裕昆部以主力固守德惠、農安，新卅師
　　　唐守治部主力固守九台，掩護七十一軍主力軍集
　　　中，並堵擊掃蕩當面來犯之匪。

附「長吉地區攻勢轉移計劃要圖（附圖第三）」。

九日其塔木、焦家嶺方面匪主力他移，僅有匪軍
五千餘與我新卅八師之一部于木石河附近激戰中，而匪
第三師及第六縱隊之一部轉向德惠，向我五〇師之大房
身陣地猛攻，大房身于十日入暮陷匪手。

十二日我新卅師主力及新卅八師之一一四團集結于
九台附近地區，十三、十四兩日匪於攻陷木石河後，續
向土門嶺、靠山屯、頭道嶺之線竄擾，九台漸緊，德惠
東南之匪二萬餘于十二日晚竄據城子街、大青咀，與我
五十師在德惠東南戰鬥中。

元月十五日我各部依計劃轉移攻勢，八八師及五〇
師由德惠東南開始攻擊，到達飲馬河地區，新卅師及新
卅八師各一部同時向木石河、子街推進，到達木石河西
南及城子街以南橫道河、孟■灣、聶家屯之線，擊潰匪
第三師及第六縱隊之各先頭部隊，斃傷匪千餘，當日仍
續向前攻擊中。

十六日各部冒大雪前進，五〇師及八八師續向匪第
六縱隊及第三師之各一部攻擊，克大興咀子，匪遺屍
五百餘具，我軍當即進出浮家窩棚、秀水溝之線，而新
卅師、新卅八師之各一部仍在木石河、城子街以南地區
與匪戰鬥中。

十七日八八師之一部攻佔夏家店，旋與浮家窩堡該

師主力會合，繼續向東挺進，新卅師攻佔城子街、木石河，匪第十八師及新一師受重創後即北竄，我軍乘勝追擊中，新卅八師之一部到達前後舍嶺（其塔木東南十二公里），各部隊之進展均屬順利，至犯伏泉（農安西四十五公里）之匪本日在太平山附近為我保五區之一部所拒止，另匪一部襲河灣子（九台東南卅五公里）車站，當經我保四區之一部擊退，斃匪卅餘名。

十八日我新卅師之八八團攻抵梨樹灣子、何家屯之線，配屬於該師之一一四團攻克木石河及蘆家屯兩溝，八八團攻佔韓家嶺前、河南屯之線，我新卅八師之一一二團之一營亦由三道嶺子推進至聶士馬夫屯，該兩師當面之匪第六縱隊之十六、十七師萬餘盤據猴石溝（德惠東卅八公里）附近山地，憑險頑抗，我八八師仍在城子街（德惠東南廿五公里）、南泉子之線向北搜索，匪第三師主力五千餘人仍盤踞大房身，另匪一股四千餘自十七日午後即分向我保康、茂林（通遼北）襲擊，企圖牽制我長農方面之行動，當經我守軍擊退，雙方微有傷亡。

元月十九日各部繼續攻擊前進，新卅師之八八團攻佔東大輩、柴火、石嶺子之線，一一四團攻佔八家子東北高地之線，八九團攻佔李家屯、張家油房之線，九〇團推進至木石河，新卅八師之一一二團（欠二個營）推進烏拉街，並向溪浪河急進，在汪屯、四家子與匪千餘激戰後，匪北竄，該團仍向白旗屯推進中，該團第二營經石屯向北挺進至前後舍嶺及胡家屯附近，我八八師亦通過興隆屯、長春嶺（德惠東南廿公里）之線與五〇師

之一四九團連擊向大房身之匪攻擊中，吉長路上我保四區之一部與犯匪戰于土門嶺，入晚吉長鐵路沿線亦無匪情。

二十日我新卅師第八八團攻克安家溝、猴石溝、老古洞、上河灣、逃栢家蘆、五台、大溝之線，八九團於攻克紅朵子，進出尚家窩、紅朵子溝以北高地之線，一一四團於攻佔其塔木後，續以一部向大荒地、三家子、大紅旗屯搜索掃蕩，師部及九○團推進至舒蘭站，匪主力已向北竄去，八八師攻抵石虎河（五台西北五公里）、高台子（大房身東南五公里）、姜家店（大房身西十公里）之線，五○師之一四九團向大房身以北地區攻擊，十時半攻佔豹虎山，十四時佔領十二馬架。

二十一日八八師一舉攻佔大房身，並續向東北進出，新卅師之八八團主力攻克上河灣、黃花甸子之線，一部攻佔吳家、磊口子、四台、石家窩堡，八九團之一部攻佔焦家嶺，主力推進至紅石朵子溝、窩吉地區，師部移駐木石河，九○團（欠第三營）由火石嶺子進至布海，新卅八師進出溪浪河之一一二團續向北挺進至白旗屯附近，當面之匪大部北向五棵樹潰退，五○師之一四九團由十二馬架東進，中午佔松花江屯，解橋頭堡之圍。

二十二日八八師由大房身續向北攻擊，佔領老徐家、泉子溝（大房身北十五公里）之線，新卅師及新卅八師之各部攻佔焦家嶺東西之線，五○師之一四九團掃蕩松江南岸七家子匪。

二十三日八八師續向北掃蕩，一部已抵松花江南岸

陶賴昭，匪六千餘于昨在七家子經戰，五〇師之一四九團擊退後，該團即渡江攻擊，十三時佔領江北岸之紅房子，黃昏後撤回江南宿營，同日新卅八師之一一二團已集中于吉林口前。

2. 德惠防守戰鬥

（一）戰鬥前匪我態勢

　　元月共匪發動第二次松江冬季攻勢，經我擊潰後仍集重兵于松花江北岸四出竄擾，企圖利用解凍以前與我在吉長附近決戰，竟于二月廿一日潛渡松花江向城子街、德惠、農安進犯。

　　新一軍仍集結于長春、永吉、九台、德惠、農安地區整頓，加強構工，積極訓練，並以卅師一部向其塔木上河灣搜索警戒，五十師仍任德惠、農安之守備。

（二）影響于戰鬥之天候、氣象及戰地狀態

　　長吉方面當茲春初，溫度常在零下卅度左右，行軍戰鬥異常艱苦，我軍多患凍傷，松南戰場除五台、城子街、上河灣以東為山岳地帶外，餘為平原大地，攻守均無所憑藉，近江則為河灘湖沼蘆葦障礙活動，於冰雪中搜索警戒均感不便。

（三）匪我使用兵力及番號

　　（1）共匪

　　　　指揮官　林彪

　　　　第一縱隊　萬　毅　轄第一、二、三師

　　　　第二縱隊　陳　光　轄第四、五、六師

　　　　第六縱隊　楊國富　轄第十六、十七、十八師

第七師

第廿一師

第廿四師

第卅一師

田松部隊（萬餘人）

三五九旅（萬餘人）

吉北軍區（七個團）

第一軍分區（三個團）

第二軍分區（三個團）

砲兵第一、二、七，三個團（山野砲、加農砲、榴彈砲共八十一門）

戰車第一大隊（日式輕重戰車卅二輛）

（2）我軍

新一軍　轄新卅師、新卅八師、五〇師

第七一軍之第八十七師、第八十八師

保四區

保五區

騎兵第一、二支隊

吉林省保安團

戰車一連

（四）戰鬥經過

　　二月二十五日將九台新卅師主力及卅八師一一四團、在哈拉哈之第八八師一團轉移至長春及外卡倫、米沙子後，匪軍以我有計劃之轉移，除僅一部南下九台、米沙子直接攻擊外，主力七、八個師附戰車卅餘輛、砲兵三個團，於廿六日午後完成對德惠之包圍態勢，于

十五時許開始向我外圍據點前後城子、黑坎子、望河堡、後灣屯、謝家屯、齊家窩堡及縣府猛烈砲擊，並以步兵猛攻，經我步砲協同反擊未逞，廿七日拂曉匪仍以砲火掩護步兵衝鋒，我前後城子、黑坎子、後灣屯之陣地被毀，乃行轉進，我守望河堡、謝家屯、齊家窩堡之部隊雖數次擊退匪之衝鋒，終以陣地被毀與匪之戰車猛衝，我各該部隊遂於是晚先後撤離守地。

二月廿八日拂曉匪以炮火猛轟我陣地全部，雖我砲兵還擊，但匪砲兵佔絕對優勢，至若干碉堡及通信線路多被擊毀，我官兵■■應戰，誓與陣地共存亡，擊退多方面密集衝鋒之匪，尤以中繼所方面之戰鬥更為慘烈，竟日反復衝殺，匪均未逞，入夜後匪以一團以上之兵力向我十四、十五號碉堡間密集衝鋒，我守留該方面之排傷亡殆盡，被匪突破，進入六道街口之山東屯，斯時我機動部隊分由左右將匪包圍。

德惠解圍戰鬥經過

匪自廿一日偷渡松江後，經連日激戰，已悉傾巢來犯，本部決集結兵力準備打擊來犯之匪，將次要方面之部隊盡量抽調轉用，以七一軍（欠九一師）星夜車運長春集結，暫廿師自朝陽車運長春加入七一軍戰鬥序列，至廿八日令各部就開進配置開始向北推進，新一軍為右兵團，區分為五縱隊，由吉林、長春兩方面分途出發，是晚新卅八師第一一四團及吉保一團尚在九台集結外，右側縱隊（新卅師九十團、第一團、保五區、保四區第六團、長春九台保安大隊）一部到達合氣屯，主力到達興隆山，沿中長路北進之主力縱隊（新卅八師第一一四

團、新卅師八八團、五十師一四八團）歸新卅師唐師長統一指揮，將長春外圍散匪肅清後，第一線分別進抵興隆泉、小青咀之線，一四八團及新卅師師部進抵吳家店，左兵團為七一軍（欠九一師）附暫師，亦分別到達小合隆之線。

三月一日本部指揮所推進至長春，拂曉德惠方面侵入六道街■，匪全部在我逆襲部隊保圍中，同時我砲兵以火力遮斷匪後方增援，使侵入之匪進退維谷，但仍頑強抵抗，我乃集中火力射擊該股匪，完全殲滅，另匪約千人之眾，配合戰車六輛，對我裡店窩、中接所、為紅房子各陣地再度猛攻未逞，十時左右匪為協同山東屯匪作戰，曾以一連之寡向我十四號碉堡猛攻，經我步砲協同攻擊，該匪全部被殲，我軍亦餘四人，是時我沿中長兩側反攻之部隊將米沙子、萬寶山以東地區之匪堡擊滅後，並將米沙子、老郭家互以北五華里與拉拉屯之線佔領，匪向北潰，是時匪早已在哈拉哈互南至順山堡、二道溝、河南營子、東窩之線利用冰雪磚塊構築堅固之縱隊陣地，企圖在該線固守，以待德惠之戰鬥結局後，將主力轉用南下擊破我反攻部隊。

三月二日我軍為迅速擊滅當面擾勢匪軍解圍德惠計，反攻部隊即向哈拉哈以南順山堡、二道溝互東窩上之線攻佔，並跟蹤向哈拉哈、布海猛進，並以主力向右旋迴側擊後退匪軍，至黃昏我主攻部隊均已越過布海，猛以輕裝部隊向德惠突進，將沿途匪軍擊潰，日行百卅華里，至三月三日四時與德惠城垣守軍取得連絡。

三月二日永吉守備兵團派隊向其塔木及土門嶺攻擊

前進中，九十團之一部及保五區本晨由卡倫擊破龍家堡
匪之抵飲馬河，進抵九台附近，我一一四團及八八團攻
擊史家窩堡，匪第四師部在唐家丈子、白廟子一度激
戰，後匪向我東北分竄，我續抵布海以北，當面匪第一
師分沿線道兩側逃竄，圍攻德惠外圍之匪經守軍予以重
創後，本日復由靠山屯增援猛撲，均為我擊退，城郭碉
堡俱告恢復，匪遺屍五十餘具，傷萬餘，我七一軍之
八八師主力攻佔農安，八七師進抵二道溝前、葦塘溝附
近，擊破匪之抵抗，向德惠方面攻擊前進中。

　　三月三日圍攻德惠之匪經我反攻部隊分途北進夾
擊，已與守軍取得呼應，匪當分向秀水甸子、五棵樹、
扶餘方面渡江北竄，我各部乘勝追擊，新卅八師主力由
永吉向其塔木、木石河，保五區及九十團之一部由九台
北上城子街，與新卅八師協同擊潰匪第一縱隊萬毅所部
及田松部隊，我新卅師及五〇師主力會同肅清德惠城郭
殘匪，以主力分經大青咀子、大房身及達家溝向松江西
南岸潰匪追擊，七一軍附暫廿師主力本日亦與德惠守軍
會師，進出二道、哈唐、四道溝北部、郭家屯、四家
子、農安以北之線，並向哈拉、海城子方向追擊前進
中，我騎兵一、二支隊本日收復伏龍泉，正向北追擊
中，匪死傷約八千餘人，俘戰車四輛，重機槍十六挺，
輕機槍廿餘挺，步槍千餘枝。

3. 農安防守戰鬥

（一）戰鬥前匪我態勢概況
　　自第三次吉長會戰後，匪第一縱隊（一、二、三

師）即退據江北榆樹以北地區，第二縱隊（四、五、六師）退據三岔河以北地區，第六縱隊（十六、十七、十八師）退據五家站西北地區，另匪之保一旅、獨二師均退據陶賴昭西北地區，積極整補，待機渡江，重犯德惠、農安，然後圍攻長春，以達成截斷中長路，遂次擊潰戰野戰軍之企圖。我第五十師主力控制於德惠，以一部任羅圈坨子以北對江施行警戒，新卅師控制於大房身附近地區，保五區主力控制於五台附近地區，並以一部任沿江警戒，七十一軍（欠九一師）主力控制於靠山屯，並以一小部推進青山口，任沿江警戒。

（二）影響於作戰之天候、地形、交通及居民狀況

（1）天候

積雪未融，天氣寒冷，運動射擊均感困難，土工作業無法實施。

（2）地形

戰地丘陵起伏，通視困難，行動不易，房舍稀少，避寒無地，松江及支流小河凍結堅冰不成障礙。

（3）交通

匪我雙方均利用公路、鐵路，但因嚴寒，汽車多有障礙，江水凍結乏舟楫之便。

（4）居民狀況

近匪區者富戶遠徙，貧者亦苦為匪役，相率南遷，戰地幾成堅壁清野，惟留存居民對國軍情感尚好，每多協助。

（三）匪我兵力及主官姓名

（1）匪軍

根據情報及俘虜口供證明，此次來犯之匪計有一、二、三、四、五、六、十六、十七、十八師及獨二師、保一旅並其他地方團隊等，綜計約十四萬人。

（2）我軍

會戰第一期新一軍之三個師 N30D、N38D、50D，七十一軍之兩個師 87D、88D 及六〇軍欠 184D、121D，保安第四、五區，騎二師，保十二支隊，攻勢轉移時又使用 54D、N22D 等部隊，總兵力約八萬人。

（四）戰鬥經過

三月八日拂曉，匪第二師乘我掃蕩部隊南移，分由謝家堡子、八里營子渡江（五家站南），其先頭部隊抵靠山屯以北拉馬營子附近，當與八十八師發生戰鬥，激戰半日，終將匪擊退，同日保五區主力掃蕩團林子、大房身東二十五公里附近殘匪，因匪後續部隊陸續增加，進抵團林子，該部當即向五台（團林子西）附近轉近，並與在大房身之新卅師主力均取連繫。

三月九日匪主力紛紛渡江進迫靠山屯，並向十里堡、前後毛家窩堡迂迴，企圖包圍八八師，該師為實行預定計劃，除留置加強一營固守靠山屯外，主力即於黃昏後向德惠前進，行抵平安堡附近，匪十八師、第五師分兩面向該師夾擊，當時展開激烈戰鬥，激夜未停，雙方傷亡均重，同時靠山屯方面匪傾全力猛攻，戰鬥激

烈，是日右兵團期以協力左兵團作戰容易，即令新卅八師之一一四團、五十師之一四九團歸五十師副師長楊溫指揮，於黃昏後在四馬架、達家溝附近地區集結完畢，並完成攻諸準備，預定於三月十日拂曉於飲馬河東岸向拉馬營子、臥牛石攻擊前進。

三月十日晨匪源源增加，戰鬥愈趨激烈，八八師留置靠山屯之加強營苦戰一晝夜，卒以彈盡援絕，於十二時全部壯烈犧牲，為使八八師之作戰容易，當以八七師星夜兼程向于坨子、拉拉屯、八家子之線攻擊前進，將圍攻八八師之匪予以猛烈打擊。

匪十六師由靠山屯南竄榆樹、八家子、五家子、六家子地區，六兵團攻擊部隊於午前八時先後將八家子、順山堡、四家子之匪軍擊潰後，繼由東、南、西三面圍攻三家子，一四九團當將五家子南二村落攻佔，將匪第十六師四八團第十、十二兩連全部殲滅，繼即配合重戰車三輛向六家子縱深突進，當與匪發生激戰，戰車予匪痛擊後，兩輛為匪戰防砲所擊毀，一輛在我步兵掩護下退回，是時由四家子向五家子後背包圍之部隊，當被匪軍反包圍，激戰四小時，匪軍傷亡千餘，共匪為配合行動，另以第一縱隊之一、二、三師分別竄抵五台以北附近朝陽川、羊草溝、劉家屯子、大二道溝地區，並以第十七、十八師由正面竄犯十二馬架、老虎嶺各地區，除令一一四團、一四九團服行北上攻擊任務外，並將右翼保五區轉移至高家窩堡西三家子地區，新卅師八八團轉至旺河堡、黑坎子地區，一四八團在玉樹溝地區佔領陣地，新卅師九十團推進至葦咀子，以附近地區與一四八

團連擊拒止南下西進之匪，是晚匪十七師不斷以多至千人少至數百人之密集部隊向玉樹溝一四八團守軍四週猛衝，當被擊退。

三月十一日匪第四師三五九旅暨獨二師源源而來，我八八師與匪激戰益烈，已成膠著狀態，入夜匪三面包圍，不顧犧牲，以肉彈滾進，反復衝殺，匪之後援不斷投入，該師苦戰兩晝夜（九日迄十一日曉），傷亡奇重，乃轉移宋家屯方向堵匪西竄，八十七師沿農安至靠山屯公路攻擊進展至拉拉屯、八家子後，匪源增加，進展困難，夜廿三時左兵團開始向農安轉進，直屬部隊行抵郭家屯附近與匪萬餘遭遇，激戰至翌午後一時，我官兵奮勇抵抗，終以眾寡懸殊，復陷匪於重重包圍，全部壯烈犧牲，匪傷亡五千餘，右兵團為配合左兵團之作戰，除以五〇師主力及新卅師八八團固守德惠外，主力即轉進步海，此時匪六縱隊十六、十七、十八師係由老虎嶺（德惠西北）、十二馬架（德惠東北）附進遂向德惠進迫，其第一縱隊亦分由五台、大房身向德惠進犯，並已與德惠守軍主力展開血戰，三月十二日左兵團各部隊轉進途中遭匪之伏擊，尤其拉拉屯附近均有激烈戰鬥，輜重車輛損失甚重，八十七及八八師各部隊入晚均先後到達農安，並即部署對農安之守備，本日德惠外圍僅有小接觸，至晚匪十八師千餘人向黑坎子附近攻擊，因該處工事尚未收復，激戰澈夜後為匪攻佔，並另以一部向德惠東北各守軍攻擊未逞，三月十三日匪集中第一、二、六，三個縱隊，砲兵三個團及保安旅、獨立旅、第四支隊等部兵力約十萬人合圍農安，黃昏後即向

我陣地砲擊，入夜復猛撲三次，均經擊退，本日拂曉匪以猛烈砲火向德惠守軍射擊達二小時之久，並掩護步兵攻擊，戰鬥至午前十一時，為守軍全部擊潰，並分派有力部隊向各當面掃蕩，匪向東北退去，三月十四包圍農安之匪本日續由德惠方面陸續增加，對我守軍猛攻達十餘次，入夜戰鬥尤烈，匪前臥後繼，終未得逞，新廿二師及五十四師由萬寶山站沿長洮兩側地區急馳農安，午後與匪在西三家子（萬寶山西北十二公里）展開激戰，斃匪千餘，迄晚攻抵老成窩堡、李營（農安南十五公里）附近，右兵團為協力新廿二師及五十四師之作戰容易，除以五〇師固守德惠外，新卅師配屬新卅八師之一一四團為攻擊兵團，決於明（十五）拂曉沿中長路兩側地區先轉移至布海、雙廟子附近，再向西北截擊。

三月十五日圍攻農安外圍之匪竟日向農安近郊猛攻，均經擊退，八十七師由南門轉移攻勢，期與我北進增援部隊會師，匪第四師、第六師、保安旅等部為掩護其主力北撤，於四家崗、六馬架、六間房地區與我新廿二師及五十師戰鬥益激烈，匪拚命死守頑強抵抗，至晚匪我傷亡均重，入夜尤烈，新卅八師主力本日由朝陽川（九台北十二公里）向大興咀子（德惠東南十五公里）掃蕩前進。

三月十六日圍攻農安之匪澈夜以步兵砲連合，一面向農安守軍猛攻，反復衝殺，一面向羅家屯（農安南十八公里）、後邊崗（農安東南十二公里）對我挺進部隊兩翼迂迴猛烈反攻，新廿二師左翼羅家屯之羅連遭匪第一、二師主力包圍，該連傷亡過半，連長羅直剛陣

亡，排長三人負傷不退，奮力抗戰，慘鬥澈夜，終將頑
匪擊退。

本（十六）晨匪線崩潰，新廿二師繼續攻擊前進，
左兵團各部隊四出逆襲，主力由南關而出，在空軍掩護
下奮戰至午，遂在南義門（農安南八公里）會師，匪乃
被迫分向東北北潰退，八十七師即轉向楊家屯、于家
窪子、前後四家子、新立堡、好來、寶營子追擊前進，
右兵團之新卅師附一一四團本（十六）晨續向郭家屯北
地區急進，先頭於午前八時進佔三道溝、郭家屯之線，
並遭遇匪軍兩千餘，發生戰鬥，匪不支潰退，為協力
左兵團之作戰乃南折向八吉溝急進，該處之匪已於本
（十六）拂曉前向西北退去，新卅八師主力已分由九
台、朝陽川分別趕抵哈拉哈、朱城子地區。

三月十七日圍攻農安遭我擊潰之匪，主力向五家
台，一部向扶餘回竄，左兵團本（十七）肅清農安附近
殘匪，並以有力一部向哈拉、海城子、興隆堡（農安北
二十五公里）追擊前進，新廿二師在老城窩堡（農安南
十五公里）、耿家窩堡附近掃蕩殘匪，右兵團新卅師分
數縱隊以廣正面向北追擊掃蕩，分別進抵天台山以南地
區，五十師分派隊將大房身、老虎嶺、閔家屯各地區之
匪肅清，新卅八師除分遣有力部隊向城子街、大興咀、
五台掃蕩外，主力推進至布海、雙廟子地區。

三月十八日左兵團分路追擊至哈拉、海城子南端、
張家坨子及興隆堡附近，沿途擊破匪之掩護部隊，匪傷
亡甚重，我新廿二師仍在■家窩堡掃蕩殘匪，五四師本
（十六）肅清郭家屯殘匪，進抵興隆堡（德惠西北十七

公里）、于家堡子、宋家船口（德惠西北廿五公里）之線，右兵團之新卅師向北掃蕩進抵靠山屯以南耿家店、閔家屯附近，殲匪營長以下五百餘，五十師本（十六）派隊向達家溝（德惠東北廿公里）以北及大房身附近追擊掃蕩，新卅八師主力掃蕩上河灣附近殘匪後，開回永吉原防，戰鬥至本（十六）晚告終。

　　三月十八日左兵團分路追擊至哈拉、海城子南端、張家坨子及興隆堡附近後，即陸續撤回農安附近，並以一部肅清農安以北地區之零星散匪，右兵團之五十師仍駐德惠，新卅八師主力開回吉林原防，新卅師掃蕩靠山屯附近殘匪後即陸續撤回長春原防，新廿二師及五四師仍開回萬寶山站待命。

4. 通化戰役

（一）戰鬥前匪我態勢（如附圖一）。

（二）匪我參戰兵力番號暨主官之姓名如附表：

指揮官姓名		番號	兵力統計	比率
我軍	石　覺	十三軍之八九師 五四師之一六二團 新廿二師一部（四屯） 暫二〇師主力（兩營）	約 25,000 人	
匪軍	蕭　華	第七旅 第八旅 第九旅 第十旅	約 4,000 人	約 1 比 1.4
	曾克林	第十一旅 十二旅之卅六團 臨江支隊 李紅光支隊		

（三）戰鬥經過

（1）本部為圍殲遼安邊區竄匪，策應通化守備部隊之作戰，先後對通（化）臨（江）山區發動四次掃蕩，悉因失利終止，乃於三月廿七日下達第六八號作命（如附件一），編組臨江兵團，再與第五次之圍剿，當以新賓為基點，分沿新賓通化公路及其南北兩側分三兵團，保持主力兵團于公路北側，依分進合擊態勢向通化攻擊推進，以期依通化守軍之堵剿，一舉厭迫匪軍于通化西北山區包圍而殲滅之，各兵團於廿八日開始行動，我右側兵團（二〇七師）遂次掃蕩平頂山、八里甸子流竄股匪，近逼渾江西岸。

（2）右兵團之新廿二師一舉擊潰通化以西踞匪，于三月卅日解圍通化，與守軍會師于快當帽子，為達成任務最早之部隊。

（3）右兵團之八九師附一六二團于三月卅日午進抵紅石拉子以南地區，與匪第十旅所部三千餘遭遇激戰，經我反覆猛攻，戰迄黃昏，一舉突破匪陣地，佔領紅石拉子，殘匪向東北潰竄，遺屍百餘具，俘廿餘名。

（4）四月一日以藍山為支撐，掩護八九師之266、267兩團向紅石拉子以北及油家街之匪攻擊，一舉擊破踞匪而攻佔之，匪分向小通溝、釣魚台潰退，我軍乘勢窮追猛進，于二日午續克釣魚台（張家街），已先後發現匪已參戰部隊計七、八、九、十旅四個番號，是日入暮匪糾眾反撲，並挾其優勢砲火對我釣魚台東北端高地集中猛擊如雨下，掩護其步兵反覆衝鋒，戰鬥激烈，其前槍砲聲、喊殺聲後成一片，惡戰通宵，匪我傷亡均極

慘重，迄三日拂曉匪復糾集遼東全力增援猛撲，先陷我釣魚台東北高地，居高臨下瞰制我釣魚台全線陣地，戰局劇轉惡化，我軍團連日作戰，過度疲勞，且彈藥消耗將盡，故陣地一經突破，即無恢復之能力，雖官兵堅苦支持，誓死拚戰，終以匪我眾寡懸殊，支持至午，即告情況不明，守軍傷亡過半，殘眾被俘，是為五次臨江會戰中損傷最重之最後一次。

（5）左兵團（暫廿師主力）由英額城向南掃蕩，且戰且進，于一日攻佔灣口溝子，近逼柳河，因主力兵團之失利遂中止攻擊。

（6）左側左兵團不斷派遣有力部隊機動向南游擊掃蕩，策應主力兵團之作戰，頗有斬獲。

5. 四平解圍戰鬥

（一）戰鬥前匪我態勢之概要

共匪遼東野戰軍區三、四兩縱隊主力自四月杪在三原浦、紅石鎮、安口鎮倖獲小勝後，氣燄益張，復經月餘之整訓，迄五月中旬其七、八、九、十等四個旅附砲兵兩團由三原浦、馬鹿溝地區北移，第十一、十二兩旅由通化以東以南地區續向西竄犯吉瀋沿線，主力繼擾南山城子及六官卷等地區，吉長方面之共匪同時自四月中旬以來即調集各方部隊集結於扶餘前郭旗附近地區渡江，遂向長嶺、大賚分竄，其第一縱隊位置於扶餘，獨立一、二師在陶賴昭、三岔河，第二縱隊第六師在大賚，第五師在新廟，第四師在前郭旗、七家子地區整訓，斯時匪之第七師於長嶺、伏龍泉一帶及長農保安

隊、騎兵十七團於三盛王王府一帶至為活耀，並於大
賚、長嶺間竄擾頻繁，且不時向我農安外圍發動佯攻，
以掩護其行動，並試探我之企圖，殆至五月九日共匪全
部已集結於前郭旗、七家子、新廟各附近地區，秦榆之
匪亦乘隙奇襲馬坊村等地區，企圖阻我援軍東開，以利
主戰場之作戰，同時以十二軍分區匪首李道治所部及野
戰十三旅之一部共約萬餘眾，逐次向秦島外圍襲擊，以
收其牽制之效，戰區所屬新一軍、七十一軍于吉長、四
平、遼源等地區整補，六十軍、新六軍五四師于瀋海沿
線及遼東地區掃蕩，五十二軍于遼南地區防守，第一集
團軍所屬于熱河、遼西等地區掃蕩中。

（二）影響作戰之天候地形及居民狀況

甲、天候

　　五月十五日至五月廿五日即農曆三月廿五日至四
　　月五日，天高氣朗，惠風和暢，寒暑有調，溫度
　　適中，對行軍作戰尚稱適宜，唯以入夜昏暗渾
　　黑，無法展望，對部隊指揮掌握及通信連絡殊感
　　困難，尤以射擊難期精確，及當面匪情不易明
　　瞭，迄六月酷暑，行動不便，會戰末期陰雨綿
　　綿，行軍及車馬通過均感困難。

乙、地形

　　四平東南地區山嶽綿亙，西北平原，為共匪及
　　蒙匪嘯聚之所，經年竄擾，屢經進剿，匪均化
　　整為零，避匿山林，俟機仍聚眾四出竄犯。

丙、居民地狀況

　　匪區民眾深惡匪之暴行，除少數無業流氓及土

棍外，幾全渴望國軍，更以國軍軍紀嚴肅，以是
構築工事，刺探匪情，輸送彈藥，護送傷兵等工
作，多得民助，除少數處於四山環繞，各地之間
易受火力瞰制之村落外，餘均尚可利用。

丁、交通狀況

各地交通雖均有鐵路、公路，堪稱發達，惟多
蜿蜒山谷間，易受伏擊，同時又經道基路面年
久失修，橋梁大多損壞，一經雨季通路泥濘，
復遭共匪之徹底破壞，無法修理。

（三）戰鬥經過

（1）第一次圍攻四平

我遼保一團由長春米沙子轉移後，續於郭家店（公
主嶺西南廿公里）附近與匪對峙，另四台子（郭家店東
南）、西新發堡（梨樹東北卅公里）發現匪騎出沒，養
日自大榆樹（公主嶺南）以步砲聯合之匪向遼河西岸進
犯猛襲，我遼保一團一部及交警大隊被迫轉移蔡家，另
郭家店東南四台子、西柴火溝附近亦有由公主嶺竄到之
匪約千餘，續向四平竄擾，迄廿二日晚四平街北東南三
面析木堡、劉家屯各附近均有匪踪，梨樹（奉化）徹夜
激戰，拂曉增援部隊趕到，情勢穩定，另匪兩千餘向郭
家店東南迂迴阻截鐵路，我郭家店守軍向西移轉梨樹。
於廿三日遭匪猛攻後，仍為我固守中，另半拉山門（四
平東南十公里）竄來匪千餘，破壞牤牛哨一帶鐵路，經
我掃蕩後已回竄，梗夜梨樹之電話中斷，榆樹台為匪攻
陷，匪於梗寅攻陷梨樹後分以一部向老四平街竄犯迄
迴，十六時匪增五萬餘猛襲，守軍被迫向東轉移，匪乃

續向新四平進犯，當與我四平近郊暨飛機場空軍接觸，展開戰鬥，入夜戰鬥更劇，廿四晨情況穩定，三江口、遼源東南廿三日遭匪強襲攻陷，遼源情況不明，匪已侵入八面城，匪第一、三、五、六師由四平東西兩側地區鑽隙向南竄擾，先頭已抵葉赫站（開原東北五十公里）、鴛鷺樹（昌圖北卅五公里）之線，我搶修鐵路之一個營在牝牛哨（四平南）亦與匪激戰，由通遼突圍之團於廿三日夜到達十二馬架（八面城北），遭匪圍擊，潰散四平外圍，自廿四日迄廿五日匪更番向四平近郊砲擊，步兵向我機場附近迫進，戰鬥激烈，後經我空軍之制壓，四平附近各村落森林內隱匿，另匪一股南竄雙廟子（■■南廿公里）破壞鐵路，以阻我增援及補給，辰有夜深匪更徹以砲火掩護步兵向東西北三面猛攻，戰況慘烈，拂曉後始告沉寂，該地守軍我八七師及五四師當派隊向近郊威力搜索，另雙廟子廿五日遭匪二千餘圍攻，迄午已陷匪手，經五四師派隊於廿六日辰將雙廟子克復，匪向東北回竄，廿六日圍攻四平之匪一、三、四、五各師仍踞小紅咀子（四平東北）、半拉山門（四平東南）、疙疸嶺子（四平西南）、老四平街各附近地區，我派出威力搜索部隊均遭匪猛烈反擊退回四平，入夜匪密集衝鋒未逞，感丑東南近郊戰鬥尤烈，黎明後匪勢稍挫，另匪三千餘感于竄陷泉頭車站，仍復向滿津站（昌圖北八公里）圍攻，與我昌圖守軍之警戒部隊戰鬥，達巳時該地電話中斷，長青堡（昌圖東北）附近同時發現匪騎續向老開原竄擾，已分別派隊往堵，廿七日我四平守軍出擊，迭遭預設火網狙擊阻止，滿津站入夜

為匪陷落，廿八日我四平守軍威力搜索，廿華里內除八面城方面盤據外，皆未發現匪踪。

（2）第二次四平鏖戰

六月十日第六師及保一、二旅已竄抵半拉山門及疙瘩嶺（四平西南），入夜匪保二旅附砲多門向西郊機場接近並砲擊卅餘發，經反擊後向老四平回竄，迄十一、十二、十三日以來，匪以步砲協同迫近四平近郊，不時以砲火轟擊，另以一部猛撲機場，戰況激烈空前，十二日徹夜砲擊市區，建築物起火，步兵猛撲，均經阻止，拂曉轉趨穩定，西郊機場十四日匪利用熾盛砲火密集衝撲，迄寅時守軍向市區轉移，於市南新立屯附近展開爭奪戰，並於西郊之小卡屯及南郊靈神廟匪以砲兵向我陣地轟擊二千餘發，匪步兵一部竄進我陣地外壕激戰，匪因我空軍參戰轟擊，戰況漸告沉寂，入夜益趨激烈，十五日二時匪全力向市區南四道街、南五道街衝撲，往復肉搏，雙亡傷亡均重，另匪便衣一部潛入市區，破壞電話線，激戰至五時已有二千餘自南郊衝入，拂曉仍不斷利用煙幕掩護向我衝撲，經我陸空火力竟日制壓，匪遺屍壘壘，擴大突破口之企圖迄未得逞，我即利用縱深工事堵擊突入之匪，內有一部向我投誠，潛伏四郊回河溝森林之匪仍續與我戰鬥，薄暮匪以砲五十餘門繼續猛轟，戰鬥極為慘烈，至十六日午益趨緊急，城區西南之匪復趁熾盛砲火之掩護下蜂湧自突破口衝進，接進我西南核心陣地，展開慘烈戰鬥，經守軍猛力攻擊圍殲，殘餘之匪仍頑強抵抗，另匪十七師全力向市區東北角猛衝，經守軍沉著應戰，俘匪數百人外，更斃傷匪千餘，

匪勢頓挫，我當將市區內大火撲熄（俘供此次為匪首林彪親自指揮，對我每一陣地以三個師輪流攻擊，以一個月為限），自銑夜突入西南市區之匪仍不斷以新銳部隊蜂湧竄進，依砲火掩護密集衝鋒達六次之多，均被守軍依新構之防線全力反擊遏止，陣地前遺屍達三千餘具，我之傷亡亦重，十七日晨我守軍出擊，往復爭奪達十小時，接進核心陣地據點均經奪回，並續向城南二道街追擊，頑據斷垣殘壁之匪已有一小部向南兔脫，另城東守軍藉空軍掩護向東出擊，追至距城五華里處安返，十八日突入市區之匪並以砲兵發射催淚性毒氣彈向我核心陣地三面圍攻，戰鬥急烈，迄十九晨匪向核心陣地連續猛衝達十一次之多，均未得逞，中央銀行之大廈復為奪回，至午時匪攻尤烈，匪萬餘以砲兵直接射擊省府及央行，房舍全燬，省府守軍全部犧牲，入暮匪更以砲火密集轟擊，鐵路以東陣地、鐵道以西及西南核心陣地以南地區於廿日晨為匪攻陷，鐵道及西北城區仍固守，入夜匪續向鐵道以東地區衝撲竄擾，路西之匪廿一日拂曉後依砲火掩護分向車站及天橋以東以北守軍猛撲，車站票房往復爭奪三次，迄十九時終陷匪手，路東西之連絡亦為匪截斷，路西之匪第一、二、三、十七師及保一、二旅、砲五十餘門向我八七師及五四師猛攻，均經奮勇擊退，廿二日晚又復徹夜以步砲聯合向我天橋南北陣地猛攻四次，路東西南陣地一角遭匪砲擊全燬，竄入匪千餘，短兵相接，肉搏甚烈，迄廿四晨卒恢復廿三日態勢，廿四日廿時匪復以步砲聯合向我天橋及以南水源地猛撲激戰，迄廿五日晨攻擊稍停，但仍砲戰中。

（3）轉移攻勢四平解圍

　　廿二日午我暫廿二師一部攻佔開原縣，匪第師主力北竄，兵團主力於開原兩側及其東南地區，就開進四平之匪養夜反撲受創，並受空軍制壓，戰鬥沉寂，路東建築為匪燬，西南一角守軍依新陣地之連擊嚴密堵擊，右攻擊兵團於廿四日進抵東下肥地及開原東前馬市堡、威遠堡門之線，左攻擊兵團進抵開原縣城北後安全營子迄河家營子之線，長春南下之軍已進抵公主嶺北十公里地區，匪攻四平自廿三日晚受創後，廿四日仍冒我陸空火力猛攻，並有一部竄入崑崙路酒精廠內，經派隊逆襲，卒為奪回，我新六軍及九三軍司令部進駐開原車站，我攻擊兵團當面之匪二、三縱隊廿五日竄集於開原東貂皮屯、西豐、蓮花街及昌圖以北之線，我左右兩兵團尚向各該地區搜索前進，我右兵團一部進至昌圖南十里台附近，迄午我右兵團攻佔下肥地東八公里于家當舖及開原東卅五公里貂皮屯，擊退匪獨三師及第八旅各一部，正面攻抵開原東北南城子南端附近，左兵團先頭攻進昌圖附近與匪戰鬥，四平匪軍仍以車輪戰法不分日夜繼續猛撲，廿五日辰匪據天主堂，至十五時又繼集大股分向天橋北及道東西南我陣地進攻，迄十六時四十分天橋北之匪經我八七師擊退，天主堂東北匪我爭奪甚烈，長春兵團二十四日以一部掃蕩放牛溝之新屯附近之竄匪，另中長路向南竄進至公主嶺東北于家窩棚附近，與匪二千餘戰鬥，匪為我擊退，四平連日匪我戰鬥進行益烈，我右兵團一六九師自下肥地向開原東廿五公里貂皮屯前進，十四師申時擊退萬家溝附近之匪，佔領萬家溝東北四方

台、■茶棚■之線，左兵團暫廿二師本午沿中長路突破
滿井以南匪陣地後，進抵泉頭車站附近，一九五師一舉
突入昌圖老城，續向退據以北山地之匪攻擊，儉日我右
兵團一六九師在于當舖、八棵樹之線，十四師一部攻佔
蓮花街以東 324、385、325 各高地擊潰匪遼北第二師
四千餘，並肅清南街以東另一部，各■地■西北十公里
之大台山匪第六師激戰竟日，左兵團六時向當面之匪激
戰，迄十八時我分別攻佔昌圖城東大四家子、四家子及
西北之閭家窩棚，另我迂迴側擊之王坦宸部已進抵泉眼
溝、范家店之線與匪激戰，仍有匪萬五千餘附山砲十餘
門在北長清堡、長山堡一帶頑強抵抗，四平匪仍以砲火
向市區猛轟，南下挺進兵團攻佔公主嶺續向南掃蕩，以
一部向懷德進出，右兵團當面之匪第三縱隊潛匪西豐及
其西南地區，有側擊我右側背之企圖，匪第一縱隊一部
在蓮花街北互曹家南溝之線，主力在雙廟子附近集結，
似為擔任二、三縱隊之連擊，我新六軍之一部右翼佔領
于家當舖、貂皮屯、金寨子溝之線對東警戒，另一部正
向頭營子、枯榆樹之線攻擊，左兵團當面匪第二兵團佔
領泉頭以互朝陽堡、長春堡、靠山屯、長山、太平山之
線，廿七日晨我暫廿二師展開于達子溝、元家爐、西沙
河子、金山堡之線，我一九五師展開於小四家子、東西
廿家子、東西葦子溝之線，對當面之匪攻擊，在達子
溝、元家爐、金山堡、西廿家子附近展開戰鬥，五十三
軍之一部正向通江口、金家屯搜索，匪復以步砲聯合向
我四平道東陣地猛撲，為連日來最激烈之一夜，但均被
我擊退，艷日正面我攻擊兵團盧濬泉、陳林達及周福成

各部擊潰昌圖以北陣地之匪，分五縱隊廣正面向擊潰之匪追擊掃蕩，各兵團先頭進抵中長路雙廟子南三公里互以西昌圖城北十五公里興隆嶺之線，續向四平街、八面城方向追擊，右兵團十四師續沿開原東北公路西側及以西地區向北掃蕩，一六九師續向八棵樹東南 271 高地之匪攻擊，我新一軍主力及保十一區續於公主嶺及其以東五台子以南地區向廿家子、四平方向攻擊掃蕩。

四平自五月廿一日被圍四十餘日，六月十一日開始展開街市戰，逐屋爭奪達十九晝夜，守軍傷亡慘重，然仍浴血奮戰，士氣百倍，斃傷匪達五萬以上，終於廿九日我攻擊兵團突破泉頭匪之縱深陣地牝牛哨、鷺鷥樹以北地區，共匪全線動搖，乘夜北潰，我守軍於卅日奮勇出擊，乘勢清掃機場地雷，分途出擊，九時卅分與我北進部隊會師，四平之圍乃解。

6. 遼西會戰

（一）作戰起因：奸匪企圖破壞交通，搶奪物資，打擊
　　　我野戰軍，妄控制整個東北之迷夢，於本（卅
　　　六）年九月■■■■■■■■■■■■■維護交
　　　通，保障民生，不得已乃迫應戰。

（二）作戰態勢：匪據外線，我據內線。

（三）戰鬥方式：大部為山地戰，一部為平原戰。

（四）匪我後方交通狀況：利用鐵道、公路、縣路，
　　　交通均較便利。

（五）作戰前匪我態勢（如附圖）。

（六）匪我參戰部隊及兵力比較（如附表）。

（七）作戰日期：自卅六年九月六日起至同年十一月
　　　十八日止，共七十四天。

（八）戰鬥經過

（1）楊杖子戰鬥

　　A. 楊杖子暫廿二師主力戰鬥經過

　　　九月十四晨我暫廿二師主力由新台邊門向香龍
　　　山掃蕩，與匪四千餘遭遇激戰，至十一時被迫
　　　撤退新台邊門，十五日晨匪向我暫廿二師主
　　　力猛攻，第一兵團（後改為第六兵團）孫司
　　　令官渡為免該師遇事犧牲，計經令轉移楊家
　　　杖子固守待援，第該師撤退時機過遲，掩護
　　　未達所要時間，致於撤至楊家杖子時立足未
　　　穩，匪萬餘人即追踪而至並，將四週高地佔
　　　領，苦戰徹夜，至十六日該師主力被匪擊破
　　　突圍（如附圖三）。

　　B. 楊家杖子四九軍戰鬥經過

　　　孫司令官為策應暫二十二師之作戰，令四九軍
　　　之一〇五師、七九師兩師於十六、十七兩日由
　　　錦州經江家屯向楊家杖子夾擊圍犯暫廿二師主
　　　力匪軍，十八、十九兩日將楊家杖子附近之匪
　　　肅清，匪大部向新台邊門方面回竄，廿日匪糾
　　　彙六個旅之眾集結於楊家杖子外圍，廿一日上
　　　午匪向我四九軍之一〇五師、七九師兩部陣地
　　　猛撲，戰至黃昏，我一〇五師陣地被匪突破，
　　　匪我繼續鏖戰至廿二日廿三時四十分，四十九
　　　軍王軍長鐵漢鑒於全軍傷亡過大，決心集中全

軍力量向老爺嶺逆襲，當時因部隊混戰失去掌握，遂演成突圍戰，廿九日我四九軍王軍長鐵漢、朱參謀長俊德、七九師文師長禮均返錦，並分在錦西、興城收容（如附圖四）。

（2）彰阜戰鬥

A. 匪第七縱隊萬餘於十月六日向彰武圍攻，我守軍暫五七師一個團與匪激戰，至七日因傷亡過大突圍，彰武遂被匪攻陷。

B. 匪陷彰武後，十月九日續向新立屯包圍猛攻，我暫五七師主力與匪猛烈激戰後突圍。

C. 十月十一日晨匪第七縱隊以一部竄據黑山縣，其主力向新秋進犯，我守軍暫五一師師長唐保黃率該師之一個團與匪激戰，至十七日師長唐保黃負傷被俘，遭慘殺，團長以下官兵大部犧牲，餘部五百餘轉至新阜新收容，匪向老阜新進犯，礦場一部亦被破壞（如附圖八）。

（3）義縣戰役（九二軍）

A. 本轅為解北票之圍，令九二軍軍長侯鏡如率廿一師、四三師兩師於十月廿六日、廿七兩日先後由錦州向義縣前進，十月廿八日全部到達義縣，十月廿九日到達九關台門附近地區，十月卅日於該地向西北南三面行廣正面之搜索掃蕩並構工。

B. 匪第八縱隊、第九縱隊十一月十日夜三時起向我九二軍陣地全面猛攻，匪我激戰，迄十一月二日七時我陣地大部被匪突破，匪我傷亡均

重，十二時我九二軍分兩縱隊向義縣轉進，十七日到達義縣附近。

C. 我廿一師師長郭惠蒼、副師長李傳宗、參謀長紀鵬、六三團團長賴惕安率部千餘掩護部隊轉進，被匪萬餘包圍於萬佛堂以西地區，該四員均壯烈自殺殉職（如附圖十一）。

（4）彰武大虎山掃蕩戰

匪第七縱隊於十一月一、二兩日將新民、大虎山間地區鐵路橋梁破壞，本轄為確保北寧路之安全，經令暫三軍一九五師、七九師及二〇七師一個團於十一月二、三兩日分由開原、撫順等地向新民集結，十一月四日集結完畢，同日分別向北攻擊，並令五四師由新立屯向東北攻擊，我一九五師于十一月五日攻克彰武，十一月六日我暫三軍及一九五師將匪第七縱隊主力包圍於彰武西北地區，十一月七日我縮小包圍向匪猛攻，激戰至晚並空軍助戰，斃傷匪七千餘，生俘五百餘，將匪第四縱隊主力全部擊潰，殘匪向北逃竄，我軍跟蹤追擊掃蕩，迄十一月十四日退至賓圖王府以北及彰武東哈拉沁屯各附近地區後返回彰武（如附圖十二）。

（5）開原西豐戰役

A. 九月卅日夜匪第三縱隊、第四縱隊分向西豐、貂皮屯、開原迫進，實行深入滲透，點點包圍，線線切斷，以大吃小戰法展開攻勢，我守軍五三軍為集結兵力，令駐西豐之一一六師一個團於十一

月一日辰後撤，當被優勢之匪截擊於拐磨子附
近，我一一六師主力與匪分別在頭營子、威遠堡
門、馬市堡等地與匪激戰，該軍之一三○師之
三九○團被優勢之匪截擊於貂皮屯、三花甸各
地區激戰，迄十月二日晚一一六師全部及一三
○師之三九○團均連絡中斷，十月三日該軍將
一三○師主力及駐昌圖之暫三○師等部全部集
結新開原固守，十月四日匪合圍開原，並攻一
■中固，切斷鐵嶺、開原間連絡。

B. 匪第一縱隊、第三縱隊及第四縱隊一部自十月
四日起至十月廿三日止仍不斷晝夜向我新開原
猛攻，先後均經我五三軍主力擊退，並於十月
廿四日十五時在北高台子與我新六軍之一六九
師一部會師，匪第一縱隊、第三縱隊分向西豐
東南地區回■（如附圖一四）。

（6）鐵撫地區戰役
匪獨一師於十月七日一時向鐵嶺東南官糧窖我
十四師一部圍攻激戰，迄七時我一六九師及十四
師主力分頭出擊于蘇牙屯附近與匪激戰，至十五
時匪不支東竄，計斃傷匪千餘，生俘一百九十餘
名，獲輕重機槍及步槍等（如附圖一五）。

附表　東北行轅戰鬥序列表

三十六年十二月三十一日

兼主任　陳　誠
副主任　羅卓英、鄭洞國
參謀長　董英斌

第六兵團　孫渡		
第九三軍　盧濬泉	暫一八師　景　陽	
	暫二〇師　王世高	
	暫二二師　龍澤匯	
	暫五〇師　吳寶雲	
	暫五七師	
	保四支隊	
	蒙旗聯防指揮部　烏古廷	

第七兵團　劉安祺		
第七一軍　劉安祺	第八七師　熊新民	
	第八八師　彭　鍔　（任四平守備）	
	第九一師　戴海容	
新五軍　陳林達	第一四二師　留光天	
	第一九五師　謝代蒸	
	暫五四師　馬　徹　（五二軍指揮）	

第八兵團　周福成		
第五三軍　周福成	第一三〇師　王理寰	
	暫二〇師　劉德浴	
	暫六〇師　陳膺華（歸六兵團指揮）	

第九兵團　廖耀湘		
新三軍　龍天武	第一四師　許　穎	
	第五四師　宋邦偉	
	暫五九師　鮑步超	
新六軍　李　濤	新二二師　羅　英	
	第一六九師　鄭庭笈	
	暫六二師　劉梓皋	
第二〇七師　羅又倫	第一旅　陳大雲	
	第二旅　王啟瑞	
	第三旅　劉少峰	

新彭防守軍		
第四九軍　王鐵漢	第二六師　張越群	
	第七九師　文　禮	
	暫五五師　王天任	

吉林守備軍		
第六〇軍　曾澤生	第一八二師　白肇學	
	第一八四師　楊朝綸	
	暫二一師　龍　耀	
	暫五二師　李　嵩	

長春守備軍		
新七軍　李　鴻	新三八師　史　說	
	暫五六師　劉德溥	
	暫六一師　鄧士富	

遼南守備軍		
第五二軍　覃異之	第二師　　劉玉章	
	第二五師　胡晉生	
	暫五八師　王家善	
	交警第三總隊　曹鐵身	

直屬單位		
新一軍　潘裕昆	新三〇師　文小山	
	第五〇師　楊　溫	
	暫五一師　許　揚	
	新騎獨一團　尚其悅	
騎兵司令部　徐　梁	騎一旅　烏古廷	
	騎二旅　張　恒	
	騎三旅　趙成凱	
瀋陽防守司令部　　楚溪春		
松北綏靖總司令部　　馬占山		
第六補給區司令部　　劉翼峰		
空軍第一軍區司令部　張建孟		
海軍北巡第一艦隊　　劉孝鋆		
港口司令部　　何世禮		
警衛團　　汪奉曾		
憲兵教導第二團　　王介艇		
憲兵第六團　　沙　靖		
砲兵第七團　　林日藩		
重迫砲第十一團　　睢　魯		

直屬單位		
重砲第十二團	杜顯信	
砲兵第十六團	蓋守青	
獨立工兵第十團	鄒浩生	
獨立工兵第十二團	王潤章	
通信兵第六團	胡碧華	
通信兵第九團	聶　英	
輜汽十七團	楊宴舟	
輜汽二五團	王偉耀	
裝甲兵團	鮑勳南	
戰車第三團第一營	明世勳	
鐵道兵第三團第二營		
鐵甲車第三大隊	徐士廉	

附圖　東北地區匪我態勢要圖

三十六年元月四日

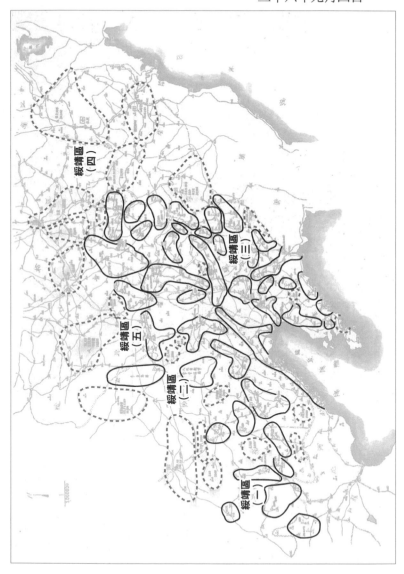

附圖　新賓通化地區匪我態勢要圖

三十六年三月廿七日

附圖　東北行轅匪我態勢要圖

三十六年九月六日以前

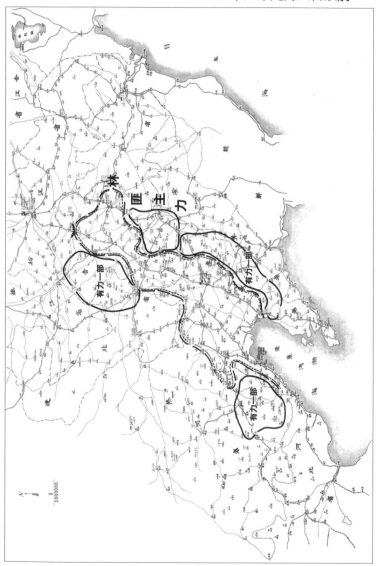

附圖 暫廿二師主力楊家杖子附近戰鬥經過要圖（十月）

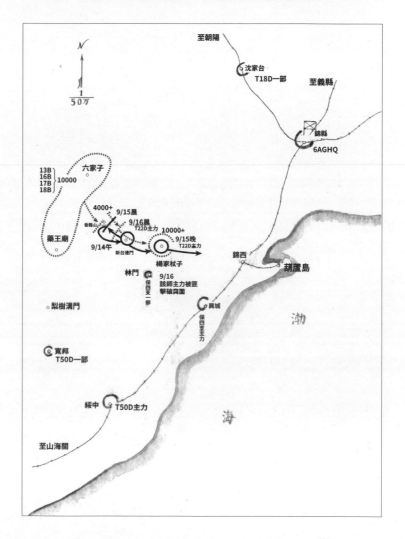

附圖 四十九軍楊家杖子附近戰鬥經過要圖（十月）

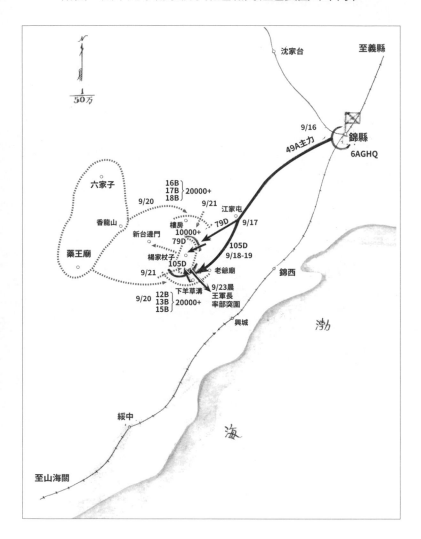

附圖　彰武、新立屯、新秋戰鬥經過要圖

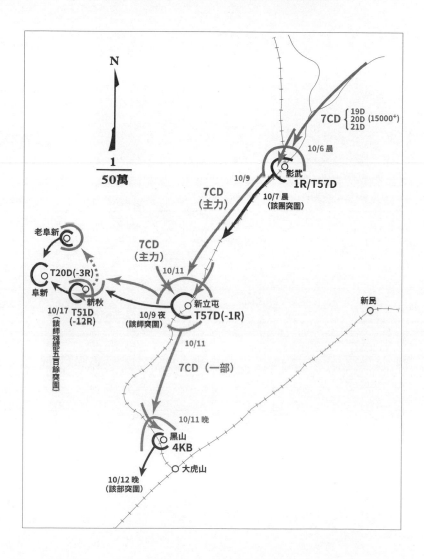

附圖　九十二軍主力九關台門戰鬥經過要圖（十月）

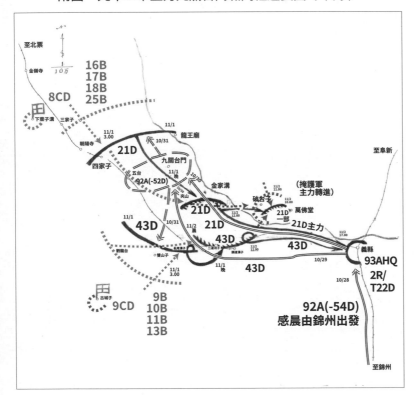

附圖　彰武康平附近戰鬥經過要圖

（十一月一日至十七日）

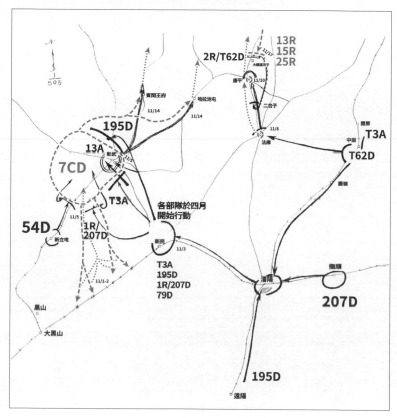

附圖　開原附近戰鬥經過要圖

（十月一日至十月廿五日）

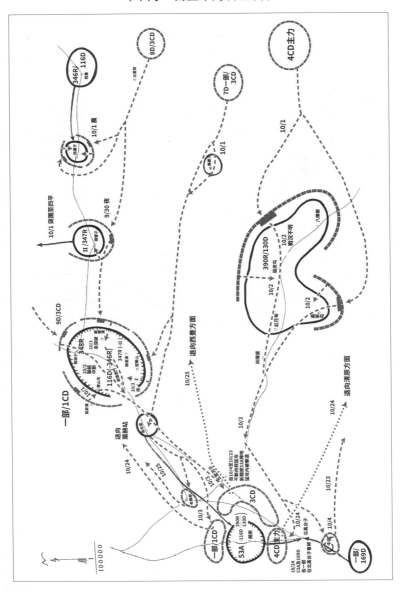

附圖　官糧窖附近戰鬥經過要圖（十月七日）

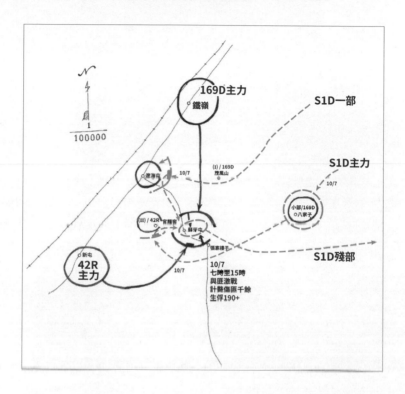

第五、檢討

國民政府主席東北行轅第一處三十六年度工作檢討表

一般業務

工作項目	組織
工作根據	奉令改組
預定進度	限於三六年元月一日改組完竣
實施成果	遵限完成

工作項目	組織
工作根據	奉令併編
預定進度	限於九月一日將長官撤消與本轅併編完畢
實施成果	遵限完成

主管業務

工作項目	行轅與長官部編餘人員之處理
工作根據	總長飭辦
預定進度	分發各督訓處及部隊並一部送東北分團受訓
實施成果	分發督訓處 86 員，分各部隊 251 員，東北分團 218 員

工作項目	分撥東北分團學員
工作根據	總長飭辦
預定進度	分發各正規部隊
實施成果	遵照計劃平均分發完畢
檢討	各部隊有者拒收，有者收而不用或資遣

工作項目	獎懲
工作根據	奉部令辦理獎懲
預定進度	辦理區內有功過人員之獎懲
實施成果	收公正效果

主管業務－部隊整編

工作項目	T55D
工作根據	兼主任陳指示
預定進度	1. 該師師長王天任，原屬第三督訓處為三一年暫編師 2. 督訓處撤銷後著撥歸 49A 建制抵 150D 缺 3. 改用三四年乙種師編制限十一月十五日改編完成
實施成果	依限編成

工作項目	T58D
工作根據	兼主任陳指示
預定進度	1. 該師師長王家善，原屬第三督訓處為三一年暫編師 2. 督訓處撤銷後著撥歸 52A 建制抵 195D 缺 3. 改用三四年乙種師編制，限十一月十五日編成
實施成果	依限編成

工作項目	T60D
工作根據	兼主任陳指示
預定進度	1. 該師師長陳膺華，原屬第三督訓處為三一年暫編師 2. 督訓處撤銷後著撥歸 53A 建制抵 116D 缺 3. 改用三四年甲種師編制，以十二月一日為編成日期
實施成果	依限編成

工作項目	T53D
工作根據	兼主任陳指示
預定進度	1. 該師師長許賡揚，原屬第一督訓處為三一年暫編師 2. 督訓處撤銷後著撥歸 N1A 建制抵 N38D 缺 3. 改用印編，以十二月一日為編成日期
實施成果	依限編成

工作項目	N7A
工作根據	兼主任陳指示
預定進度	1. 以 N1A 之 N38D 與 T56D、T61D 合併為 N7A 2. 以 N38D 師長李鴻升代軍長 3. 除 N38D 仍使用印編外，餘均撥三四年乙種師編制改編，以十二月一日為編成日期
實施成果	依限編成
備考	1. T56D 原屬第一督訓處 2. T61D 原為保三支隊改編

工作項目	N3A
工作根據	兼主任陳指示
預定進度	1. 以 N6A 之 14D 及 13A 之 54D 與 T59D 合併為 N3A 2. 以 N6D 副軍長龍天武升代軍長 3. 除 14D 仍使用印編外，餘按三四年甲種師編改編，限十月底編成
實施成果	依限編成
備考	1. T59D 原屬第二督訓處三一年暫編師

工作項目	T62D
工作根據	兼主任陳指示
預定進度	1. 以 N6A 多餘之一個團及行轅警衛團第二團與遼東師管區兩個補充團合併為暫六十二師，歸 N6A 建制抵 14D 缺 2. N6A N22D 副師長劉梓皋代師長 3. 按 34 年甲種師編制編制限十月底編成
實施成果	依限編成

工作項目	N5A
工作根據	兼主任陳指示
預定進度	1. T54D 與 52A 之 195D 合編為 N5A 2. 以 195D 師長陳林達升代軍長 3. 195D 按 34 年甲種師編制，T54D 按 34 年乙種師編制，限十一月十五日編成
實施成果	依限編成
備考	T54D 原為步一支隊 31 年預師編制

工作項目	T51D
工作根據	兼主任陳指示
預定進度	1. 該師因作戰不力縮編為一個團，撥 N3A 補充缺額 2. 該師番號於一月底撤銷

工作項目	T63D
工作根據	兼主任陳指示
預定進度	1. 該師原為步六支隊 2. 以原司令林栖為師長 3. 撥歸 13A 建制抵 54D 缺 4. 使用 34 年甲種師編制，限十二月一日編成
實施成果	依限編成

工作項目	T52D
工作根據	兼主任陳指示
預定進度	1. 該師縮編之一團與第二交警總局吉林警務處李嵩部合編為 T52D，使用 34 年乙種師編制 2. 以李嵩擔任師長于十二月底編成
實施成果	依限編成
備考	該師長春之一個團撥交 N1A 補充缺額

工作項目	T57D
工作根據	兼主任陳指示
預定進度	1. 該師因作戰不力縮編為一個團，撥 T55D 補充缺額 2. 該師番號於十月底撤銷
實施成果	依限撤銷並撥交

工作項目	步二支隊
工作根據	兼主任陳指示
預定進度	1. 該支隊因作戰不力將官兵撥交吉林保安旅及 60A 補充缺額 2. 番號於十月底撤銷
實施成果	依限撤銷並撥交

工作項目	步四支隊
工作根據	兼主任陳指示
預定進度	1. 該支隊因人員不滿三千編成一獨步兵團 2. 歸 93A 指揮督訓 3. 番號於十二月底撤銷
實施成果	依限編成並撤銷
備考	1. 該團使用暫編師屬團編制，於十一月底編成

工作項目	步七支隊
工作根據	兼主任陳指示
預定進度	1. 該支隊作戰不力於十月十五日撤銷番號 2. 部隊備補 T59D
實施成果	依限撥編

工作項目	步五、八支隊
工作根據	兼主任陳指示
預定進度	1. 該兩支軍紀不良於九月十五日撤銷番號 2. 所有部隊撥補 207D
實施成果	部隊如期撥編

工作項目	第一督訓處
工作根據	兼主任陳指示
預定進度	1. 該處於十一月底撤銷，所屬各師分撥各軍建制 2. 其直屬部隊撥補 N3A 缺額
實施成果	部隊如期撥編

工作項目	第二督訓處
工作根據	兼主任陳指示
預定進度	1. 該處於十一月底撤銷，所屬各師各撥各軍建制 2. 直屬部隊撥補 T62D 缺額
實施成果	部隊如期撥編

工作項目	第三督訓處
工作根據	兼主任陳指示
預定進度	1. 該處於十二月十五日撤銷，所屬各師分撥各軍建制 2. 其直屬部隊撥補 N5A 缺額
實施成果	部隊如期撥編

工作項目	騎兵司令部
工作根據	兼主任陳指示
預定進度	1. 為整編各騎兵部隊乃成立騎兵司令部 2. 以徐梁為司令 3. 以前騎二軍部部隊編成直屬部隊 4. 於十一月一日成立使用國防部核定之騎兵司令部編制
實施成果	如期編足成立

工作項目	N1KB
工作根據	兼主任陳指示
預定進度	1. 以 3KA 及 2KA 蘇和巴特爾部編成 N1KB（轄兩團） 2. 以前 3KA 副軍長烏古廷任 N1KB 旅長 3. 限十一月三十日編成，使用部頒騎兵旅編制
實施成果	如期編成
備考	1. 其編餘騎屬各連撥 N3A 2. 該步兵撥 N5A

工作項目	N2KB
工作根據	兼主任陳指示
預定進度	1. 以騎支隊及獨立支隊各縮編為一個團編成 N2KB（轄兩個團） 2. 以國防部部員張志恒調任該旅旅長 3. 限十一月三十日編成編制與 N1KB 同
實施成果	遵令編成

工作項目	T1KR
預定進度	1. 該團原係熱北騎兵支隊 2. 團長人選由騎兵司令部報核 3. 限十二月十六日改編完成 4. 使用支隊騎兵團編制
實施成果	遵令改編

工作項目	T2KR
預定進度	1. 該團原係騎兵支隊 2. 團長人選由騎兵司令部報核 3. 限十二月十六日改編完成 4. 使用支隊騎兵團編制

工作項目	（1）KR
工作根據	兼主任陳指示
預定進度	1. 該團原係孟克敏部，經騎兵司令部點驗計人馬各千餘 2. 預定編為 N6A 一團騎兵團
實施成果	照預定編成

工作項目	（1）KR
工作根據	兼主任陳指示
預定進度	1. 該團原為騎兵第二支隊 2. 照支隊騎兵團編制改編為一團 3. 以尚其悅為團長 4. 限十一月底編成撥歸 N1A 建制
實施成果	如期撥編

工作項目	（1）KR
工作根據	兼主任陳指示
預定進度	1. 該團原為騎三支隊 2. 該支隊騎兵團編制編成一個團 3. 限十一月底編成撥歸十三軍建制
實施成果	如期撥編

工作項目	遼寧省保安司令部、保安團
工作根據	兼主任陳指示
預定進度	1. 保安司令部保留 2. 原有兩個保安團編併為一個保安團 3. 收復縣保留一個保安中隊，其他地方團隊一律取銷 4. 編餘人員交就近師團區及省政治隊 5. 司令部及保安團編制照舊
實施成果	照預定計劃編成
備考	1. 保一團編餘官兵交遼東師區 2. 安山保安大隊編餘人員撥交黑山團區 3. 海城清剿隊編餘人員撥交 T58D 4. 司令部及各部編餘人員交遼東師區

工作項目	遼北省保安司令部、保安團
工作根據	兼主任陳指示
預定進度	1. 保安司令部保留 2. 原有兩個保安團編併為一個保安團 3. 收復縣保留一個保安中隊，其他地方團隊一律取銷 4. 編餘人員交就近師團區及省政治隊 5. 司令部及保安團編制照舊
實施成果	照預定計劃編成
備考	1. 保一團編餘人員交遼北師區 2. 保二團編餘人員交騎兵司令部

工作項目	吉林省保安司令部、保安旅
工作根據	兼主任陳指示
預定進度	1. 原有一個保安團及地方優秀團隊突擊隊合併編為兩保安旅 2. 使用三四年之乙種師編制 3. 保安司令部保留照原編制
實施成果	照預定計劃編成
備考	1. 司令部及保一團編餘人員交省政治隊 2. 長春市縣保安大隊編餘人員交吉林師區

工作項目	安東省保安科、保安中隊
工作根據	兼主任陳指示
預定進度	1. 保安司令部縮編為保安科，仍保留保安司令名義 2. 兩個保安團縮編為保安中隊，餘均撤銷 3. 縮編分縣交最近師團管區及省政治隊
實施成果	遵令縮編並撤銷
備考	1. 司令部及兩個團編餘人員交遼東師區 2. 各縣保安大隊編餘人員亦交遼東師區

工作項目	松江省保安科、保安中隊
工作根據	兼主任陳指示
預定進度	1. 保安司令部縮編為保安科，仍保留保安司令名義 2. 兩個保安團縮編為保安中隊，餘均撤銷 3. 縮編分縣交最近師團管區及省政治隊
實施成果	遵令縮編並撤銷
備考	1. 司令部編餘人員交遼東師區 2. 兩個團編餘人員交 T53D

工作項目	嫩江省保安科、保安中隊
工作根據	兼主任陳指示
預定進度	1. 保安司令部縮編為保安科，仍保留保安司令名義 2. 兩個保安團縮編為保安中隊，餘均撤銷 3. 縮編分縣交最近師團管區及省政治隊
實施成果	遵令縮編並撤銷
備考	編餘人員分撥省政治隊、遼東師管區、吉林師區

工作項目	合江省保安分隊
工作根據	兼主任陳指示
預定進度	1. 保安令部及保安團隊均撤銷，保留一個保安分隊 2. 編餘人員撥交遼東師區及吉林師區
實施成果	遵令縮編並撤銷

工作項目	興安省保安分隊
工作根據	兼主任陳指示
預定進度	1. 保安司令部及保安團隊均撤銷，保留一個保安分隊 2. 編餘人員分交省政治隊遼東師區、松北總部
實施成果	遵令縮編並撤銷

工作項目	黑龍江省保安分隊
工作根據	兼主任陳指示
預定進度	1. 保安司令部及保安團隊均撤銷，保留一個保安分隊 2. 編餘人員分交省政治隊遼東師管區
實施成果	遵令縮編並撤銷

工作項目	交通部第二交警總局
工作根據	兼主任陳指示
預定進度	1. 原為十五個警務段整編為十二個（即十二個警務段），並就現有人數按照核定編定編制編足 2. 現有武器儘量充實已編成之團 3. 該十二個團均按三六年步兵團編制編組
實施成果	照預定計劃編成

主管業務－部隊監察

工作項目	本轄經處二等佐軍需林德春假公營商貪污巨款
工作根據	主席一一、六電
預定進度	電北平行轄拘捕
實施成果	已派員往提解中

工作項目	五五師王天任部閻連長破壞工廠掠奪物資
工作根據	資源委員會報告
預定進度	送據各機關報告屬實
實施成果	已交軍法解轄法辦

工作項目	遼北保安第一團團長張楷貪污違法
工作根據	國防部
預定進度	經員調查
實施成果	經查屬實已交軍法核辦

工作項目	愛國前進軍部隊長呂超招兵擾民
工作根據	高立人報告
預定進度	審核有干禁令飭 1033 部隊查復
實施成果	經查屬實予以繳械

工作項目	騎一支隊司令張漢華槍殺保安隊長擾害勒索地方運糧牟利扣留商民豆餅
工作根據	全體官兵興城縣府臨參會商民
預定進度	派員前往興城三江口調查
實施成果	經查屬實，全案移軍法處，豆餅發還原主，並飭騎兵司令部查辦

工作項目	暫五八師師長王家善扣留難民火油青魚
工作根據	旅大全同鄉會
預定進度	飭五二軍調查
實施成果	正查辦中

工作項目	黑山團管區參謀主任劉達三冒報經歷曾充任偽職
工作根據	無名氏控告
預定進度	曾電請國防部核辦
實施成果	國防部復電拘辦嗣經拘轅法辦

工作項目	暫五七師師長陳天喜貪污瀆職營私舞弊
工作根據	多人控告國防部電
實施成果	飭六兵團查辦中

工作項目	七一軍陳明仁全部搶糧掠財敗紀擾民徵善救公署物資
工作根據	主席國防部遼北省臨參會
預定進度	派人前往四平調查
實施成果	經查屬實正簽辦中

工作項目	第六保安區司令李耀慈貪污巨款六十億元
工作根據	文官處指陳德源告一一、一五
預定進度	經查案情屬實
實施成果	已交軍法處併案訊辦

工作項目	前長官部少將張立棟長官杜聿明少將蔣志立依勢欺詐房屋
工作根據	11/27 文官處轉韓昌報告
預定進度	案經監察局會同調查
實施成果	張立棟拘轅法辦中

工作項目	第六兵團所屬部隊參謀處等貪污不法軍律廢弛
工作根據	主席電示
預定進度	派少將秦誠全、檢察官侯至公會同往查

工作項目	前第五保安處區司令許賡揚與張楚雄互控貪污案
工作根據	12/4
預定進度	交軍法偵訊終結不付會審
實施成果	張楚雄已撤職，許賡揚記過一次

工作項目	前 71A 軍長陳明仁遼北省黨主委員羅大愚行總辦事處趙惠東搶糧掠財去職潛逃
工作根據	主席電示
實施成果	已調查完後簽請核示中，羅、趙交政委會查辦

工作項目	第八支隊朱際凱部團長朱顯廷縱兵擾民案
工作根據	第一保安區報告
預定進度	據報屬實
實施成果	飭第九兵團將該支隊撤銷

工作項目	古遼安邊區指揮部辦事處處長徐中一團長袁凱南招兵擾民
工作根據	二處張新報告
預定進度	送據密報確實有證
實施成果	飭五二軍繳械解轅法辦並緝拿歸案

工作項目	青訓第一總隊闞隊長尅扣軍糧強姦女兵
工作根據	青訓隊學兵匿名
預定進度	審據屬實
實施成果	交軍法解轅法辦

工作項目	71 軍野戰醫院長劉海青盜賣善救分署面粉達壹萬元
工作根據	四平軍民
預定進度	經飭該軍查辦
實施成果	1. 據復並無其事 2. 似有其事，與陳明仁案併辦中

工作項目	蒙旗包善一孟克敏部徵糧徵草敗紀殘民
工作根據	迭據多人呈控
實施成果	飭騎兵司令部查辦中

工作項目	前長官部高參許世欽貪污蒙弊
工作根據	諜報員孫深報告
預定進度	簽請核辦
實施成果	奉批拘審已捕交軍法處訊辦中

工作項目	愛國前進軍及青年救國軍大部敗紀擾民甚於土匪
工作根據	遼北省政府代電並迭據控告
預定進度	派員前往駐在地昌圖開原調查
實施成果	經查係私人建軍，已分別飭附近駐軍予以繳械拘捕

主管業務－兵員撥補

工作項目	36 年度前期徵兵
工作根據	國防部（36）成簿字第五二五五號刪真代電
預定進度	配額 76,500 名（欠熱河團區）
實施成果	上項配額截至十月底止總計已徵召募 71,482 名，業配撥各部隊補充無餘
檢討	前期徵額至十月底尚欠 5,018 名，為以當時需要由行轅核定續徵兵額以備補充

工作項目	36 年度續徵兵額
工作根據	行轅（卅六）務三字第一二七四〇號代電核定經國防部（卅七）孝宜字第〇一七九號代電准予備查
預定進度	續徵配額 60,000 名限十二月底徵足
實施成果	截至三七年度元月底止總計已募集 36,745 名，業分別撥配各部隊
檢討	因奸匪六次攻勢影響徵集甚鉅，目前已陷停頓，業限於三月二十日辦理結果

工作項目	關內配撥新兵十萬名
工作根據	奉部令
預定進度	限十一月底交齊
實施成果	截至十一月底止共接收新兵 92,211 名

工作項目	兵役獎懲
工作根據	參照行政院 36 年四月十一日從二字一三四一九號令
預定進度	使各級役政人員各盡要責能如期如數完成徵集使命
實施成果	各級役政人員一般成績尚稱良好，惟有少數成績較劣者，業經分別懲處，嗣後徵集情形較昔為佳

國民政府主席東北行轅卅六年度情報檢討表

一般業務

工作項目	戰訊發佈
工作根據	為防護軍事機密並策劃督導有關軍事宣傳謀略以期配合剿匪軍事達成戡亂之目的
預定進度	統一戰訊發佈，以免各新聞機構對軍事有不利之報導，淆亂聽聞，影響士氣民心
實施成果	實施以來頗收效果
檢討	人員過少，該項業務由第二處兼辦，僅有中校參謀一人主管，且無經費，以致應興應革事件無法開展

工作項目	補習參謀教育
工作根據	為增進參謀人員對參謀業務之智能工作及統一情報範例以提高工作效率
預定進度	第一期訓練內容定為參謀、修養、判斷、計劃、命令諸種作為及要圖調製、公文處理，如第一期課程授畢後學員對於參謀業務尚不熟練，得實施第二期教育
實施成果	各級參謀對於業務之處理均較以前為進步
檢討	因迭經改組人事變更，兼之教材缺乏，以及共匪頻擾，各員業務繁劇，故未能達理想效果

主管業務

工作項目	情報網部署
工作根據	為適時明瞭匪黨政軍經濟諸般動態及國境情報，俾作建國戡亂之依據
預定進度	1. 加強各級情報機構 2. 建立匪後情報基點 3. 強化通訊設備
實施成果	1. 本轅直屬各組大部已推進匪區 2. 各級情報機構漸臻完善 3. 所獲情報尚能迅確
檢討	諜報經費支絀，通訊器材缺乏，情報員素質低落，適當人選困難，地區大而諜組過少，尚有待改進開展

工作項目	保密防護
工作根據	依據國防部保密防諜工作實施綱領之指示及參照實際情形
預定進度	1. 預定成立保防指導小組五十九組已成立五十四組 2. 預定成立直屬防諜組七十四組已成立七十一組
實施成果	各機關部隊對於保密防護均較以前提高警覺性而有進步
檢討	1. 各級保防機構組織鬆懈，未收實效，保防人員未受訓練，未能達成要求 2. 各軍政機關部隊官員忽視保防工作之重要性 3. 部隊機關清查工作未能澈底執行，致令匪諜潛伏 4. 各部隊未能切實遵守通訊保密規定，易使機密洩漏 5. 部隊代號之編定及使用期間過於呆板，且未編賦多種預備代號適時更換，極易為匪偵知，明瞭我軍行動 6. 保防情報之蒐集不能把握時機，傳遞遲緩，且少綜合研究及適當利用 7. 軍報密本編訂不健全，使用時間過長，易為匪收聽研譯 8. 對交通經濟封鎖工作未有訂頒實施細則，致各執行單位無所適從且易生弊端 9. 郵檢工作技術人員過少，處內無人主辦，各地無人實施 10. 缺乏有關保防工作督導考核工夫 11. 電訊偵察設備不■，致令仍有匪台在我區潛伏工作情事

工作項目	策反
工作根據	為粉碎共匪各種組織加速其崩潰
預定進度	1. 策劃策反業務 2. 物色策反工作人員 3. 加強策反韓共 4. 策撫殘存日俘
實施成果	經策動反正者，計有遼東軍區第十一旅三十二團一營營長戴吉功等四部及袁翰卿部共計 1,470 員名
檢討	1. 黨團政各單位對策防工作忽視其重要性，未能致力協力普遍展開工作 2. 各部隊官兵未識策反之真義，致對策反來投匪部時有勒索虐待情事，影響工作至鉅 3. 策反員報告聯絡不得要領，因而未能把握時機 4. 對策反來投匪部及攜帶武器者未能按規定給獎，難以取信 5. 對策反工作人員遇難時所訂撫卹辦法因限於經費未能履行，影響其工作情緒非成

工作項目	兵要地誌
工作根據	為供國防建設及作戰參考
預定進度	1. 作業方法 2. 整理歸納 3. 軍用在圖領發及保管
實施成果	
檢討	1. 各部隊所報資料尚欠確實完備，且僅限於收復地區，故欲有計劃之整理，資料頗不完善 2. 一年來深以缺乏有關參考圖籍致使預定不能如願並放膽作業 3. 作業之兵誌未能完全配合剿匪作戰之用 4. 本轅主管兵誌人員僅四員，地區廣大業務繁多，而感作業進度太慢

東北行轅三十六年度作戰檢討表

作戰

工作項目	第二次吉林長春會戰一月五日至同月二二日
實施成果	擊潰匪第六縱隊主力確保吉長，而我新一軍之新三八師及五〇師損失亦頗重
檢討	（一）經驗 　A、我軍缺點 　　1.情報遲緩 　　2.搜索不確實 　　3.夜戰訓練不■ 　　4.官兵有輕敵心過信武器萬能 　　5.下級指揮行動欠迅速 　　6.橫的連絡不確實 　　7.士兵各人負荷太重 　　8.運輸補給欠圓滑 　B、匪軍劣點 　　1.下級指揮官低能 　　2.戰備思想不積極 　　3.士兵素質底劣 　　4.士氣不振 　C、我軍優點 　　1.固守力強 　　2.士氣振奮 　　3.裝備優良 　D、匪軍優點 　　1.機動 　　2.詭詐 　　3.情報迅確 　　4.戰法花樣多 （二）教訓 　　1.減少守備兵力增大機動兵力 　　2.集中優勢 　　3.以後退包圍對付匪之包圍戰法 　　4.營以上部隊應配山砲 　　5.加強夜戰訓練 　　6.研究搜索方法 　　7.擴張情報網 　　8.防匪陽動勿為匪欺 　　9.控制戰居民保守行動秘密經驗教訓

工作項目	第三次吉長會戰卅六年二月廿一日至三月八日
實施成果	確保德惠，擊潰匪軍數萬，然我新一軍損失亦頗大
檢討	經驗教訓 1. 加強戰略搜索，深入匪後，俾明瞭匪軍動態，不致被匪遠距離之奔襲 2. 必須固守之城鎮應構築永久工事加強抗力，使匪無論使用何種砲均無法侵徹破壞 3. 守備兵力應力求減縮，利用地形編成陣地，構成嚴密火網，俾奸匪於陣地前，另控置大機動部隊以應不意之事變 4. 守備地區應大量屯儲糧彈 5. 加強陸空連絡及步砲協同

工作項目	第四次吉長會戰三月八日至同月十八日
實施成果	確保農安，打破匪攻佔吉長之迷夢
檢討	經驗教訓：一、匪之優點 　1. 能以必要之兵力堅強阻止我增援部隊而集中主力向我一點猛撲 　2. 善於慣用包圍戰法 　3. 決心果敢，行動迅速，兵力轉用裕如 　4. 諜報深入我作戰地區 　5. 反宣傳工作甚為積極，影響我士氣 　6. 下級幹部以上均為黨員，中毒甚深 　　　二、匪之劣點 　1. 畏我正面攻擊 　2. 不諳兵器使用 　3. 其態勢若處劣勢時則恐荒紊亂 　　　三、我軍優點 　1. 官兵均能深明大義匪我不兩立之心 　2. 官兵富於犧牲精神 　3. 砲兵勇敢步砲協同良好 　4. 騎兵配合步兵作戰能圓滿達成搜索任務 　　　四、我軍劣點 　1. 輕敵 　2. 情報不確 　3. 善於固守不慣轉進 　4. 夜間教育太差 　5. 防奸保密工作欠週 　6. 行李笨重行動遲滯 　　　五、應改進之點 　1. 加強情報 　2. 發展政工 　3. 部隊轉進盡量避免夜間行動 　4. 加強夜間教育 　5. 迅速補充裝備 　6. 加強機動力

工作項目	四平防守戰五月廿一日被圍六月十一日開始市街戰迄同月廿九日解圍第五次攻勢
實施成果	確保四平，消滅匪兵力五萬以上，打破匪對東北竊擾之迷夢，樹我戰史上光輝之二頁
檢討	匪我優劣比較及經驗教訓之檢討 一、我軍優點 　　1. 由於總統精神之感召及決策之神奇，致士氣激勵，官兵用命，視死如歸，咸抱成仁決心，致獲勝利 　　2. 各級指揮官決心鞏固，堅忍卓越，尤能身先士卒領導作戰 　　3. 陣地配備適當形成重點，兵力運用靈活 　　4. 空軍日夜出動協力作戰，予匪以極大之威脅 　　5. 通信圓滑，作戰全期各部迄未失卻連絡 　　6. 射擊軍紀良好 　　7. 步砲協同良好，予匪以極大打擊 　　8. 軍民切實合作 　　9. 射擊及照明設備均良好 　　10. 能不失時機予匪以打擊 　　11. 守軍行動與南北應援兵團配合呼應適當 　　12. 陸空協同良好 二、匪之缺點及特點 　　1. 匪慣用吃小戰法，一鼓作氣，再而衰，三而竭故一遇守軍堅強抵抗終乃潰敗 　　2. 匪除小部為基幹外，餘多係裹脅民眾，毫無訓練 　　3. 匪使用之手榴彈約有三之一不能發火 　　4. 匪使用火砲之多與火力之猛勝過我軍，為東北剿匪來所僅見 　　5. 巷戰中匪一部善於滲透，於不意中則與我守軍相肉搏 　　6. 匪退卻時甚秘密，不易捕捉其主力而殲滅之 　　7. 匪使用武器多係日俘關東軍者，以日俘充砲手，蘇軍官為顧問 　　8. 匪兵員補充容易 　　9. 每師均有指揮槍，係蘇法製造，指示攻擊目標

工作項目	四平防守戰五月廿一日被圍六月十一日開始市街戰迄同月廿九日解圍第五次攻勢
檢討	經驗教訓 1. 四平守軍以彈丸之地，當十數倍之匪軍，若非士氣團結，視死如歸，焉能殲匪禦敵，困守四十八天終獲勝利 2. 各級指揮官均能身先士卒，並多有親持火器領導戰鬥，故士氣大振 3. 從事防守戰鬥時，多為爭取時間，雖孤立無援亦須依沉著之指揮與良好之射擊軍紀，殲匪於陣地前，一面與各部隊不失連絡，必能屹立不搖 4. 隱匿於屋內之匪，我雖將該建築物擊燬而匪亦不能全數被殲，部隊配發之火焰放射器若用於此種場合效果極大 5. 保衛城市時對水源、電廠及動力所在地、醫院應堅強固守不可輕易放棄，此對安定士氣均能直接影響及之 6. 逆襲計劃宜週密火力及兵力之運用均須適當，尤以對預期敵方可能之行動須詳加研究實施，以期一舉成功挽回既失陣地 7. 通信圓滑與否關係軍隊指揮之靈活，上下連絡一貫，命令貫澈，均有以賴之，此次作戰守軍孤立，一方面有無線電信電話均不失連絡，無稍間斷，匪甚注意竊聽及擾亂諸動作，且有蘇聯研究電碼之專門人才，故對通信務須縝密行之，各級人員尤須注意保密

工作項目	中長路北寧路會戰自九月六日起至十一月十八日止共七十四天計營口黑山義縣北票彰武新立屯新邱牛莊開原吉林長春等次戰役第六次攻勢
實施成果	此次會戰計大小戰鬥十九次，成功十次，失敗九次，我正規軍雖被匪擊破十二個團另兩個暫編師，而匪 7CD 全部被我擊潰，2CD、4CD、6CD 及遼南 8CD、熱河 8CD、9CD 亦各被我斃傷三分之一以上，匪確較第五次攻勢傷亡為大

檢討	經驗教訓
	一、我軍
	  1. 各部隊行動欠機動，指揮官決心不堅，進退失宜
	  2. 企圖心欠旺盛，不能作韌強性之戰鬥
	  3. 兵力每蝟集一處，不能發揮戰力
	  4. 各級指揮官不明上級指揮官意圖，不能按照計劃實施
	  5. 暫編師裝備劣勢，訓練不夠
	  6. 各部隊機動力不夠，缺欠韌強性與機動性
	  7. 各部隊新兵太多，訓練時間過短，軍事學識不夠
	  8. 搜索警戒疏忽
	  9. 情報不確實，每誇大匪情或戰果
	  10. 武器損壞及彈藥消耗過多，不知愛惜
	二、匪軍
	  1. 機動性大，行軍力強，兵力轉用迅速
	  2. 慣用以大吃小、避實擊虛戰法，不打硬仗
	  3. 不守點線，兵力集結容易，隨時流竄
	  4. 匪就地徵糧，無綿衣繁重補給線，故流竄靈活
	  5. 攻堅力不夠，不能持久戰
	  6. 裝備不良，訓練欠佳，士兵多無鬥志

國民政府主席東北行轅民國三六年度綏靖檢討表

綏靖

工作項目	1. 清剿聯防 2. 組訓民眾 3. 編組地方武力
工作根據	續三五年度綏靖任務
預定進度	1. 確保控制收復區 2. 樹立地方政權 3. 根除匪患
檢討	因匪五次攻勢後，鑑於戰略戰術方面亟應改變，致將各次要據點逐次放棄，大據點形成孤立，作戰地域縮小，而民眾組訓無何成績，地方武力亦多編併，而政治與軍事結合亦不密切

警備

工作項目	都市警備
工作根據	1. 三三年十月二八日公佈之戒嚴告 2. 確保後方秩序安定使剿匪順利成功
預定進度	1. 確實控制收復區 2. 樹立地方政權 3. 根除匪患
檢討	1. 瀋陽市警備司令部改制為防守司令部，加強■■機構及增強警備力量，致瀋市於本年艱苦情況下平安度過，並破獲匪諜機關，使匪諜在瀋市未能發生效果 2. 錦長兩地由該市警備司令部負責，治安及秩序均良好，亦作到■合法作戰之要求

工作項目	工礦要地警備
工作根據	1. 護礦計劃 2. 東北區自給自足為目的
預定進度	1. 確保各礦安全 2. 充實礦警力量 3. 在礦區周圍構築永久工事
檢討	本年度因戰事無進展，致護個任務亦受影響，如北票、西安兩礦蹈匪，本溪、營成子失而復得，但其他各礦■安全續續生產，使東北仍賴以存在

工作項目	機場警備
工作根據	1. 遵國防部機場維護辦法 2. 使空軍及空運發揮最大力量
預定進度	1. 確保機場內倉庫及一切建設 2. 嚴防奸匪破壞
檢討	錦長三地機場因警備■■，致無意外事項發生，使空軍經常升降空運，■■實有助於剿匪

工作項目	港灣警備
工作根據	1. 港口之護衛計劃 2. 海面巡邏計劃
預定進度	1. 達到港口確保 2. 海運暢通 3. 截擊匪海運道路
實施成果	實施以來多已達到所期目的
檢討	1. 鑒於營口之事變，對守護港灣部隊務須派正規可靠部隊 2. 海軍艦艇尚須加強

護路

工作項目	1. 交警部隊守護站線橋梁涵洞水塔通信設施及車廠倉庫等維持交通秩序 2. 野戰部隊控置機動部隊分駐各鐵路沿線式其附近各要點■■■區內鐵路線外圍之■■■接■■交通之作戰掩護搶修工作 3. 護路碉堡之構築 4. 鐵甲車及巡查車之護路 5. 護路村之組織
工作根據	護路計劃
預定進度	以交通部第二交通警察總局所屬六個警務處，中長之綏大、哈滿及錦州、瀋陽、吉林、齊齊哈爾四個警務處，兵力約參萬人，分組擔任東北各鐵路線之守備，野戰部隊按作戰地境協助各該戰區內之交警兵團護路，俾達確保交通安全之目的
實施成果	1. (1)(2) 兩項交警與野戰部隊已配合按計劃實行 　(3) 北寧路瀋陽－楊村間碉堡 269 座業於三十五年度全部完成 2. 營口－長春碉堡 72 座，千山－鐵嶺已完成 29 座，其餘 44 座因冬季停工 3. 瀋吉段核定 108 座已完 18 座 　(4) 錦站線原計劃 124 座尚未興工 5. 安瀋線計劃 96 座已完 4 座 4. 我軍及巡查均按計劃擔任，巡查工作鐵甲車 204、114 號作戰被毀，巡查列車作戰被毀 7 列
檢討	共輕忽無常，每以匪大部掩護■路截為數段，我野戰軍容易被■■■擊■■，以野戰軍於鐵路外圍六十里以上將匪主力擊潰，使無法接近小部隊破壞，而以民兵守護即定特次■強■擊

國民政府主席東北行轅民國三十六年度教育檢討

教育

工作項目	滑雪訓練
工作根據	准國防部三六代電東北地區之滑雪訓練由本轅主持
預定進度	籌辦及訓練之部隊計有第六兵團九三軍、六〇軍器材1,200 具，第七兵團七十一軍、新一軍器材 1,100 具，第八兵團五三軍、五二軍器材 720 具，第九兵團新六軍、二〇七師器材 900 具，中訓團東北分團器材 570 具
實施成果	本轅雖早經完成實施計劃，飭令各部遵照積極籌辦，惟因各部隊防務無暇，且事屬創舉，加之專門教官之缺乏，以及器材裝備之不足，未能達成所希期目的，深以為憾
檢討	1. 應成立一中心研究機構對，寒地作戰之戰術的運用及裝備上等行廣汎之研究與設計實驗，尤應擬籌常年計劃以收未雨綢繆之效 2. 因兵團之隸屬關係，調動頻繁，來年應以軍為籌辦單位而實施 3. 各實施部隊應責成專員設立機構，與本轅取密切之連繫，以期澈底完成國防之要求 4. 關於滑雪器材應擬訂常年補給實施計劃，以免製不及時而失機宜

國民政府主席東北行轅第四處三十六年度工作檢討表

主管項目

工作項目	武器增補
工作根據	奉總長指示
預定進度	劃一武器口徑，圓滑補給，併依美械、國械分別調整
實施成果	就庫存及九十兵工廠出品之武器依次裝備新成立及改編之各軍師
檢討	因各部調動頻繁，作戰損耗，尚未能如計劃完成

工作項目	彈藥補充屯儲
工作根據	奉總長指示
預定進度	正規軍按輕四重六，保安團隊按輕重各一個基數補屯
實施成果	以瀋長吉錦為基地，併分屯各據點分別補充各野戰部隊
檢討	因後方來源枯竭，瀋兵工廠生產有限，各主要彈藥均缺

工作項目	兵工生產
工作根據	奉總長指示
預定進度	擬輕武器及彈藥達成自力更生
實施成果	步機槍及衝鋒槍、迫擊砲均能依限完成
檢討	因作戰消耗過鉅，尚難達到預定進度

工作項目	人馬統計
工作根據	部頒人馬查報辦法
預定進度	制定審核辦法，以便逐月表報能如期核實統計而利籌補
實施成果	經制定之審核辦法，施行各單位人事異動已能充分掌握，統計工作已趨正軌
檢討	因限於人力，不能常赴各部隊，抽點查實維艱

工作項目	軍糧籌補屯儲
工作根據	作戰計劃及審際受補人數而核定
預定進度	全年應配軍糧一七六萬七千大包，併於戰略要點依其重要性屯儲一至三個月軍糧
實施成果	應配軍糧內運九六萬包，籌購八十萬七千包，因運購不敷，補給僅瀋陽及外圍據點屯糧一個月份
檢討	因兵員陸續增補，依照配額不敷補給

工作項目	副食馬秣
工作根據	奉總長指示
預定進度	為保持官兵健康，自十月十六日起月加發副食津貼貳仟元，馬秣依照行政院規定由當地政府會同補給
實施成果	副食免可敷用，唯馬乾尚不及市價之半數，影響軍民感情甚鉅
檢討	終以物價日漲，原定價額不敷，擬請將副食馬秣均發給實物或按生活指數調整

工作項目	電力分配
工作根據	瀋陽電力分局呈請
預定進度	視電源增減情形隨時調整分三廠配供，以維重要機關工廠用電
實施成果	良好
檢討	分級配供，節制電力，以維供應

工作項目	馬騾籌補
工作根據	奉主席蔣丑魚府機電飭購
預定進度	預購補 12,825 匹於同年完成
實施成果	截至三十六年止，除遼寧省政交百分之七十外，飭吉林、遼北、熱河僅購交百分之十
檢討	上半年徵購實施順利，後因戰事影響多無法進行

工作項目	營房修繕保管
工作根據	奉總長陳亥電飭辦
預定進度	預定瀋長錦四（平）大（虎山）營房於本年度修繕完竣，併分六補區切實保管
實施成果	除瀋錦四營房按預定計劃修整，長大僅修理一部
檢討	因事實困難，一部未能按預定計劃進行外，餘均完成，併飭各部隊切實保管交接，情形良好

工作項目	鐵路運輸
工作根據	奉總長陳交辦
預定進度	為強化交通輪，運補圓滑，擬增鐵甲列車五列、巡查列車十四列、改造棚車六百輛
實施成果	鐵甲及巡查列車已遵限完成，唯棚車限于款料僅完成一七四輛
檢討	各鐵路屢遭破壞，車輛亦多破壞，然各單位均能共體時艱，力謀補放，尚能發補最大效能

工作項目	空投空運
工作根據	奉總長陳交辦
預定進度	為適應東北戰區需要，加強空軍戰力，特修建錦瀋長四永各地機場
實施成果	各地機場工程大部完成
檢討	奸匪屢次進犯，交通阻斷，各據點補給胥預，空投空運對全盤戰局收效至大

工作項目	海運
工作根據	奉總長陳交辦
預定進度	為維護秦葫兩港冬季運輸，經請調撞冰船三艦經常撞破，並請改裝大型撞冰船一艦
實施成果	請調撞冰船三艦經常撞破，航行已先無阻，唯大型撞冰船尚未駛
檢討	該港冬季通航可保無虞，對運輸收效至偉

國民政府主席東北行轅民國卅六年度經理工作檢討表

金錢

工作項目	本行轅及直屬各單位經費
工作根據	根據國防部給與規定及核定預算辦理
預定進度	經常費月清同款臨時費案清案款絕不纂延積壓
實施成果	向能適時領發
檢討	因頒發預算未能適時到達，自發預算又因六補區不能核定，致開支難於控制，超支公什常備臨時等費甚鉅

工作項目	十三個保安區及九個自保安隊經費
工作根據	由本轅擬定預算飭國庫先行墊款
預定進度	經常費月清同款臨時費案清案款絕不纂延積壓
實施成果	各部隊經費能如期領到，有利作戰
檢討	

糧秣

工作項目	東北國軍及第十三個保安區九個自保安隊軍糧
工作根據	根據國防部核定編制人馬數並照規定品量飭由東北各田糧處籌購交補給區各兵站代補
預定進度	預定在每月月尾預發下月全月糧秣，並照國防部規定期限結報
實施成果	向能適時補給
檢討	本年度共匪滋擾特甚，交通寸斷，公文往返不便，各保安部隊軍糧結報至感困難，其補給亦經費盡心血百般設法方勉強供應

服裝

工作項目	籌補保安部隊夏服及冬寒服裝
工作根據	根據國防部核定編制人數給與規定及東北保安部隊服裝籌委會決議辦理
預定進度	夏服於四月底完成，五月一日換季，冬服於十月中旬完成，十一月一日換季
實施成果	本處無被服廠之設備及補給機構，限於人力殊為困難，幸各同仁勤奮，向無貽誤
檢討	1. 吉長兩地保安部隊因交通阻絕，冬夏服運補均依賴空運，殊為困難，嗣後擬運補材料就地籌製較繼 2. 東北區寒期較長，士兵冬寒服裝原用十二磅布，易於破襖，似應改用斜紋或較厚之布 3. 烏拉鞋輕便耐用，嚴冬時可大量採用，化冰時則發膠 4. 東北至最冷時非皮帽、皮手套不可，冬季配發之帽及手套以一列改發皮手套及皮帽為宜

國民政府主席東北行轅衛生處卅六年度工作檢討表

主管業務

工作項目	衛勤
實施成果	1. 野戰區及兵站衛生機構均能協調 2. 野戰區及兵站區一般對傷患救護後送爭取時間之迅速，減少死亡率及一般外科傳染化膿現象
檢討	1. 作戰時衛生單位調配部署按時完成任務 2. 各部隊健愈傷患歸隊較為困難，嗣後各軍師應經常派員赴各醫院慰問健愈者，即令其歸隊

工作項目	衛材
實施成果	補給區按月發交由各軍統領之衛材，據報在領到後故延運送防地任意留置後方，在分配各師時任意扣發，實屬延誤補給，影響醫療非淺，擬於三十七年度起飭由各單位統領，以杜流弊
檢討	各部隊不能遵照規定按時將消耗或戰後損失衛材報表呈報補給機關，致使該區無法統計，在追請衛材補給上無從根據，故聯勤總部關於東北區衛材補給因不悉實況時時延撥，擬於明年轉飭各部隊按時報銷，否則飭補給區不予配發衛材

工作項目	獸醫
實施成果	1. 軍馬檢疫機構之缺如，查東北地方畜疫猖獗，已於報告內提出，尤以新購馬騾之檢疫僅靠臨床之診斷殊不確實，為謀軍馬之例期檢疫，亦須設有固定之檢疫機關以資綜理各部隊保管馬騾之檢疫業務 2. 獸醫人員應加整訓，各部隊獸醫人員偽滿出身者頗多，仍應成立獸醫人員訓練班抽調整訓 3. 獸醫衛生器材頗感不足，應停發馬騾醫藥，全部改發現品
檢討	1. 獸醫行政系統之錯雜，查獸醫機構行轅以下各部隊比隸屬於軍醫部門，惟聯勤總部及其他補給機關皆併歸於經理部門，是以上下系統錯雜，致發生業務連繫上之許多問題，格格不入，為解除此種困難，非使獸醫機構獨立不為功也 2. 製發野戰裝蹄工具 3. 加強掌工士兵之訓練

類別	主管業務
工作項目	統計
檢討	1. 責任擔任統計工作之人員務必儘負對下應頻加催詢，對上宜速彙呈，不得不得顧此失彼，擅自捏造 2. 材料所收集之材料，必須按時期部別彙訂成冊，不得任意拋棄及遺失，而誤統計之根據

國民政府主席東北行轅軍法處卅六年度工作檢討表

一般業務

工作項目	通令案件
工作根據	令轉上級機關及本行轅各項法令
預定進度	每月終了彙緝
實施成果	已結 45
檢討	辦理完畢

工作項目	通緝案件
工作根據	各部隊呈請及上級機關通緝案件
預定進度	每月終了彙緝
實施成果	已結 216 件
檢討	辦理完畢

工作項目	解釋及請示案件
工作根據	各機關部隊呈請者
預定進度	隨到隨辦
實施成果	已結 15 件
檢討	辦理完畢

工作項目	月報及其他案件
工作根據	各部除按月呈報軍法統計表及不屬各項目者
預定進度	分別存轉
實施成果	已結 156 件
檢討	辦理完畢

重要業務

工作項目	審理案件
工作根據	依據法令辦理
預定進度	已結 265 件 未結 84 件
實施成果	計 349 件
檢討	已清結案件佔百分之七五

工作項目	審核案件
工作根據	依據法令辦理
預定進度	已結 961 件 未結 15 件
實施成果	計 978 件
檢討	已清結案件佔百分之九六

工作項目	檢察案件
工作根據	依據法令檢察事實
預定進度	已結 322 件 未結 364 件
實施成果	計 686 件
檢討	已清結案件佔百分之四七

國民政府主席東北行轅三十六年度砲兵使用檢討表

一般業務

工作項目	人事管理
工作根據	為期使隊職軍官與幕僚對流起見人事應由指揮部統籌管理
預定進度	本轅所轄砲兵部隊人事之調遷，應由砲兵指揮部審查考核，並專設人事參謀與第一處會同辦理，以免紊亂
實施成果	未能實施
檢討	因各砲兵部隊皆為配屬，人事調遷由砲兵指揮部統一辦理，一時尚不易辦到

工作項目	參謀業務之分配與處理
檢討	本部編制參謀僅四員，事繁人少，乃調用軍官隊員二員，故各項業務之處理均能不失時機處理完竣

工作項目	文件收發
實施成果	本部全年共收到文件 1.086 件發出文件 900 件
檢討	文件處理均能適時完竣而無躭延情事

工作項目	經理
檢討	本部經理事項概由經理處直接負責，皆能按月準時領發

主管業務

工作項目	作戰
工作根據	基於共匪每次會戰對砲兵使用均係集中使用統一指揮故能形成優勢
預定進度	1. 本轅對各軍師建制砲兵之使用以連為單位，不得再分割 2. 各直轄砲兵團應乎狀況以營為單位配屬各軍師作戰 3. 砲十二團集中控置機動
實施成果	1. 各步兵指揮官對砲兵性能多不明瞭，每將砲兵分割至排 2. 各直轄砲兵團配屬各軍師作戰戰果輝煌 3. 各砲兵團隊配屬之重砲仍行分割不知
檢討	1. 步兵掩護砲兵不確實 2. 情報欠確實 3. 步砲協同不良 4. 彈藥補給遲緩 5. 過於分割使用 6. 陣地警戒太疏

工作項目	教育
預定進度	1. 本轅為增進砲兵戰鬥力,每於戰役後獨立砲兵團多集結瀋陽整訓 2. 為使戰地教育便於實施起見,教育計劃分期頒發 3. 舉行年終視察以促進部隊教育
實施成果	1. 因作戰關係,除砲十二團如期訓練外,其他各團多分割配屬軍師,未能完成預定進度 2. 十月曾視察砲七團,年終各獨立團皆視察
檢討	雖值戰役頻繁使用,過於分割,在本部適切督導之下,多能利用機會訓練,進步甚大

工作項目	裝備
預定進度	1. 本轅所轄砲兵部隊歷經戰役損失頗多。請國防部於短期內補齊以利作戰 2. 本區庫存 57 戰防砲頗多,但皆不適使用於對匪作戰,乃飭 90 兵工廠研究改造,俾便使用 3. 瀋陽兵工廠素為我國兵工廠之冠,設備齊全,如能加速改良製造,則東北火砲必能自給自足
實施成果	1. 各部所缺火砲器材大部皆以瀋地庫存者補充,尚缺者因庫無存品,交通梗阻,未能補充 2. 57 戰防砲經 90 工廠長時之研究已能改裝成 75 榴砲,實砲兵部隊一大福音,現逐漸將該項榴砲裝備各軍師砲兵營 3. 瀋陽兵工廠經數次破壞,損失頗大,現正積極恢復中,如無意外事件發生,則火砲之補充必無問題
檢討	東北戰區重要,情勢特殊,加以交通受阻,故補給困難,目前砲兵部隊器材及騾馬均極缺乏,應設法迅予補充

國民政府主席東北行轅三十六年度工兵使用檢討表

構工

工作項目	守備工事
工作根據	根據本戰區作戰計劃而策定各要點守備及構工計劃
預定進度	1. 預定於各固守要點構成堅強之半永久及野戰工事 2. 於長春、吉林、老鐵嶺、小豐滿、瀋陽、開原、鐵嶺、新民、營口、錦州、錦西、葫蘆島、北票、阜新、營城子等要點適應地形上之需要，酌築永久工事配合使用之
實施成果	1. 各地半永久及野戰工事均已先後完成 2. 各要點之永久工事，除長春、吉林、小豐滿、鐵嶺大部完成，瀋陽完成第一、二兩期，四平、錦州、葫蘆島、北票、阜新各完成一部外，其餘各地均因戰況、款料及天候關係，迄未興工，預定卅七年解凍後即行構築
檢討	1. 守備部隊調動頻繁及高級主官有未親臨決定戰術原則者，至有朝築夕改之嫌 2. 各地多因戰況緊急，未預先妥議構工計劃，即行興工，致作業紊亂，費工費料 3. 各地構工款料籌措困難，當因此而延誤開工時間及工作進展

工作項目	護路工事
工作根據	遵照主席蔣卅（五）子皓甲府軍機電「東北部隊以保護鐵路為第一」之指示而於鐵路沿線構築碉堡以確保交通之安全及防匪越路亂竄
預定進度	東北收復區各鐵路沿線各重要車站橋樑及戰術上重要地點，按材料之籌措情形逐次構築之
實施成果	因戰事影響，各鐵路僅大致完成碉堡 80%，至未完成者已飭交通機關視交通恢復情形逐次續築
檢討	1. 為求射擊便利，展望良好計，碉堡設計均較高，似嫌暴露，但過低路面亦難控制，故路側築低碉而於路基過高處之基頂增築野戰工事補助實較適宜 2. 過去設計永久碉堡厚僅 40 公分，因匪方砲火日強，抗力已嫌不足，非增至 75 公分以上不克生效

搶修

工作項目	鐵路搶修
工作根據	為適應軍事需要便利軍運配合作戰計劃為目的
預定進度	收復區各鐵路隨軍事之進展隨時搶修
實施成果	各路線除受材料及戰況之限制未能修通外，其餘大致修通
檢討	1. 本年（卅六）度修復通車里程較卅五年度減少約三分之二 2. 路線減少，軍運能力降低，補給欠靈活，影響全般作戰

工作項目	公路搶修
工作根據	以便利軍運補助鐵之不足使部隊補給圓滑為目的
預定進度	1. 瀋長公路之修復 2. 瀋葫公路之修復（307 公里） 3. 瀋營公路之整修 4. 錦葫段公路之整修 5. 其他公路之整修
實施成果	1. 瀋長公路已搶修路面 32 公里、橋樑 8 座 2. 瀋葫公路（瀋陽至盤山）搶修路面 120 公里、橋樑 31 座 3. 瀋營公路搶修路面 50 公里橋樑 24 座、便橋 1 座 4. 錦葫段公路搶修路面 45 公里、橋樑 4 座
檢討	東北公路搶修因材料缺乏，人力有限，均未能恢復舊觀，爾後對公路搶修，戰地附近道路由部隊負責連絡，後方主要幹線由公路處及省市政府負責

工兵器材管理

工作項目	補充分配及註銷
工作根據	1. 補充及分配：為使滿足各部隊構工之實際需要請由聯勤總部撥補然後酌情平均分配使用 2. 註銷：各部隊作戰有所損耗報由本部核實轉請註銷用符實數
實施成果	經常保持各部隊需要之各種工兵器材，使無缺乏，且普通保存良好
檢討	一年以來業務承辦人迭更，屢感工作未能十分銜接，但經各承辦人員均盡最大努力，各方保持密切連繫，從未發生任何缺憾

國民政府主席東北行轅三十六年度通信檢討表

有線電

工作項目	搶修維護
工作根據	依照平戰時之各種情況需要分別轉知各通信部隊及電信局適時搶修與維護諸線路
預定進度	1. 劃分通信管區負責線路之維護及搶修 2. 編組武裝機動搶修隊 3. 整修各地區之通信設施並視察各通信部隊 4. 調查鄉村電話線路俾與各段幹線連接通話
實施成果	1. 對於線路之搶修工作妥切維護等均能合乎要求迅速完成 2. 各部隊整修話線及調查鄉村線路能順利實施
檢討	1. 各通信部隊應酌派運輸工具以利搶修及維護 2. 提高通信官兵素質，盡量補充幹部，以利通信

無線電

工作項目	電台連絡
工作根據	1. 一台聯絡一個軍及其所屬各師為原則 2. 大據點實施專通
預定進度	南京、北平、長春、錦州等點履行專通
實施成果	1. 成果尚佳 2. 收電報迅速確實之效
檢討	惟部隊之電台以通信人員不敷及技術欠佳，工作效率不佳，但均達成任務

工作項目	電台調遣
工作根據	各兵團派配通信兵一連內無線電台四
預定進度	軍師電台如不敷用，兵團部負責調整派配
實施成果	本部減少直接調配之繁，業務簡便

工作項目	保密
工作根據	軍用聯勤總部編發密件師用本部編發密件
預定進度	適時轉發及編發
實施成果	電報報頭尾及公電密碼尚能遵用
檢討	惟電台人員過少，使用密碼頗為不便

陸空連絡

工作項目	陸空電台派遣
工作根據	東北區計有陸空電台 7 台由本部視各部隊之需要隨時派遣工作
預定進度	東北區陸空電台僅有 7 部，在通化又損失 1 部，現祇 6 部，數量太少，不敷分派，至少應每軍各配屬 1 台
實施成果	各部隊配有陸空電台後，陸空協同確實獲致良好戰果
檢討	陸空電台係隸屬空軍管轄，配至部隊後人事補給諸多隔閡，應改隸陸軍部隊

工作項目	口信
工作根據	由本部依據國防部頒發口信密本按月發至各軍部轉發如因作戰遺失再統令改用
檢討	1. 各部隊對旗號燈號之規定不能確實做到 2. 各部隊對口信之保密大部不加注意，每於戰況不利時不予燬滅，為敵利用 3. 每次口信之改換，軍師部不能迅予轉發，致距離較遠之小單位不能適時收到

工作項目	陸空連絡符號
工作根據	本區對空連絡符號在三月份以前係由國防部統一規定後以全國戰區遼闊每有遺失全部更換費時即規定由各戰區自行規定本部依據戰場之實況及陸空軍之需要規定簡易之對空連絡符號轉發各部隊使用
實施成果	布板符號為陸空連絡補助通信之一種，如與陸空電台相輔使用，連絡愈臻確實，本年六月四平保衛戰即獲優良成果
檢討	此種簡易對空連絡符號因能規定之符號太少，對戰場之需要似嫌不足，且易為敵方發現而仿用，以致臨空之飛機無法辨明敵我之位置

工作項目	陸空連絡訓練
工作根據	本部於三五年六七八三個月間舉辦陸空連絡人員訓練班召集各部隊中級軍官施以陸空連絡訓練前後召訓六班本年因各部隊駐地分散召集不易特通令各部隊以軍為單位自行召訓以加強陸空連絡動作發揮陸空協同作戰之力量
實施成果	各部隊經數次之集訓後，官兵瞭解陸空連絡之重要，飛機臨空時地面部隊皆能適時舖出布板符號

器材

工作項目	補給
工作根據	進駐東北部隊任務繁重迭經戰役器材損耗較大先時除由北平第五補給區撥補少數日式電池及自行購製救急外器材補充至為艱難本年三四月間第十七通信器材供應庫匆匆成立及第九儲備庫北來瀋陽均以器材缺乏補給問題應未解決中間迭曾呈請撥補終以運輸困難遲至六月初第一次補充器材始由秦葫兩地起卸撥補應用勉可維持工作第二批於九月中旬到達即按照核定數量配發補充本部為顧慮各部隊舊有損壞器材能及時修復起見奉准增配電機修理所一專任器材整修工作該所已於十一月底到達瀋陽並通令各部隊分期送修
實施成果	各師團前進部隊之通信，一般尚未就現有人員器材適時完成，據數次校閱所見，均以防地遼闊，器材有限，致無線電不能發揮最大效果，有線電則受地形、氣候、戰況、時間之影響，雖綿密計劃準備，終未克盡善臻美，逐漸而利用各種補助通信俾補現況之不足
檢討	1. 各部隊多不注意器材之保管，以致損壞日增補充不易 2. 廢舊通器材應由有修理機關證明不能修復時，始能呈繳換發新品 3. 各部隊領運通材多派不諳通信機件之人員辦理，以致驗收不實或中途損壞 4. 損耗通材，各部多不按規定表格呈報，以致公文往返往費時間

國民政府主席東北行轅新聞處卅六年度工作檢討表

一般業務

工作項目	頒發宣傳要點
工作根據	根據中央指示及地方需要
預定進度	擴清歪曲反動言論
實施成果	東北各報社通訊社雜誌社多以此宣傳要點為寫作之依據
檢討	收效極大

工作項目	宣傳工作委員會
工作根據	根據本轅新聞處工作計劃
預定進度	集中研究有關宣傳政策及技術方法
實施成果	對本年重大事件如北塔山事件、四平之戰及戡亂建國總動員等均經集中研究
檢討	頗能發揮統一宣傳之最大效能

工作項目	統一發佈戰訊
工作根據	根據本轅新聞處工作計劃
預定進度	控制戰訊增強統一宣傳工作效能
實施成果	各報發表戰訊已無錯亂與不實現象，外埠電訊亦大部控制
檢討	效果甚佳

工作項目	擴大總動員及剿匪戡亂宣傳
工作根據	根據本轅新聞處工作計劃
預定進度	增強總動員剿匪戡亂宣傳工作
實施成果	策動「遼瀋各界擁護政府總動員戡亂救國大會」，舉行「剿匪戡亂宣傳週」，組成「東北文教工作動員協會」
檢討	工作極為廣泛深入，「東北文教工作動員協會」尤為一革新思想之創舉
備考	附件一

工作項目	發動前線民眾協助作戰
工作根據	根據本轅新聞處工作計劃
預定進度	發動前線民眾從事救護慰勞及整補交通線等工作
實施成果	搶修開原至四平間之公路，架設電話，組織軍民合作站，組織擔架隊
檢討	尚能依照計劃完成

工作項目	舉行新工檢討會議
工作根據	根據本轅新聞處工作計劃
預定進度	總結過去經驗得失確立未來工作重點
實施成果	各項報告紀錄及決議案均經專案呈報
檢討	發言踴躍情緒熱烈

工作項目	舉行陣亡將士追悼會
工作根據	根據本轅新聞處工作計劃
預定進度	由安慰忠魂以激勵士氣
實施成果	每次參加公祭者均逾數千人
檢討	按預定計劃完成

工作項目	處理學潮
工作根據	根據本轅新聞處工作計劃
預定進度	成立瀋陽學生生活指導委會，調查學生動態，發動輿論力量，運用黨團同志以打擊並疏導鼓動學潮份子
實施成果	勢將牽動東北全面之學潮終得和平解決
檢討	因處置迅速故能應變機先
備考	附件（二）

工作項目	管訓戰地學生
工作根據	根據本轅新聞處工作計劃
預定進度	收訓各地流亡來瀋學生舉辦學生講習會及補習班
實施成果	迄至本年年底已大致完成
檢討	成績尚佳

工作項目	檢扣反動書報
工作根據	根據本轅新聞處工作計劃
預定進度	制止反動言論在東北各地發播
實施成果	截至本年九月底止計共檢扣反動書報雜誌 27 種，登記各地寄來報紙 130 種，登記當地發行報紙 24 種，以此坊間反動書刊確已絕跡
檢討	惜因人事編併，檢查工作中輟

工作項目	整肅風紀懲治貪污
工作根據	根據本轅新聞處工作計劃
預定進度	由整肅軍風紀懲治貪污以激勵士氣
實施成果	自經辦第卅後方醫院、一〇七後方醫院貪污案及二〇七師軍紀案後士氣大為振奮
檢討	按預定計畫實施

工作項目	發起主席壽辰簽名運動
工作根據	根據本轅新聞處工作計劃
預定進度	表彰東北各界首長對主席之敬意
實施成果	經東北各界首長在裝潢精美之紀念冊上簽名祝壽
檢討	按預定計劃完成

主要業務

工作項目	策反宣傳工作
工作根據	根據本轅新聞處工作計劃
預定進度	擬具策反宣傳品及「來歸證」交由空軍投散匪區，藉以攻心戰術致勝匪軍
實施成果	共計印製宣傳品十餘種、二百五十餘萬份，匪軍受此影響來歸者甚多
檢討	此項計劃已于本年十月間全部完成，惟空軍方面未能把握時間按期投散策反宣傳品，不無遺憾

工作項目	改組黨政會報
工作根據	奉令改組
預定進度	交換工作經驗，溝通工作情緒
實施成果	實施以來各部門工作尚能切實配合積極進行
檢討	惟其間因奸匪竄擾，曾有數月會報未能按期召開

工作項目	組織軍民合作總站
工作根據	奉兼主任陳令
預定進度	供應軍隊需要減少軍民糾紛
實施成果	補助軍隊作戰業務已較前增強，軍民糾紛已較前減少
檢討	尚能按照計劃完成

工作項目	頒行政訓實施方案
工作根據	根據本轅新聞處工作計劃
預定進度	切實督導部隊政訓工作
實施成果	一般政工工作已較本轅新聞處初創時期進步頗多
檢討	此項工作已大致完成

工作項目	調查文化機構
工作根據	根據本轅新聞處工作計劃
預定進度	聯繫文化工作發揮建國精神
實施成果	經調查完竣者計有七十餘處
檢討	因預計調查之項目繁多，不易詳盡

工作項目	督導監察城防工事
工作根據	根據本轅新聞處工作計劃
預定進度	增強保衛瀋陽之防禦工事
實施成果	截至本年十一月底城防工作大致竣事，保衛瀋陽之軍民信心由此增強
檢討	如期完成

工作項目	編印刊物
工作根據	簽奉兼主任陳核准
預定進度	供應各部隊官兵精神食糧
實施成果	計出刊「士兵之友」、「文告彙編」、「新聞月報」等刊物共三種
檢討	按預定計劃實施

工作項目	組織遼寧省勞軍分會
工作根據	奉令組織
預定進度	分組出發往各部隊防地慰勞
實施成果	士氣益較振作
檢討	成績頗佳

工作項目	彙編奸匪動態
工作根據	根據本轅新聞處工作計劃
預定進度	供給研究敵情資料
實施成果	按期專案報備
檢討	按預定計劃實施

工作項目	蒐集國史資料
工作根據	奉令蒐集
預定進度	計本年內完成一部份
實施成果	擬具補充辦法積極進行
檢討	尚能按預定計劃進行

工作項目	集中政工軍位實施中心工作
工作根據	根據前東北保安司令長官部新聞處原案
預定進度	擬定中心工作項目及實施辦法飭駐瀋各政工單位繼續施行
實施成果	民心士氣均較前振奮
檢討	尚能把握要點積極實施

工作項目	慰問傷病官兵
工作根據	根據本轅新聞處工作計劃
預定進度	按月派員慰問
實施成果	官兵均極感動多願重上前線為國除奸
檢討	因慰勞經費缺乏，故僅能供給傷患官兵以士兵讀物等精神食糧

附記：
1. 政工改制收效較微
    自政工改制以來，各單位中下級幹部多係部隊長派充之新進人員，大抵素質稍劣，缺乏政訓工作經驗，以致部隊政訓教育之基本工作頗受影響。
2. 收攬民心頗感困難
    查各部隊每於收復新地區後，政工人員應即協助地方，收攬人心，安定秩序，惟以戰略關係，每有甫經收復旋即放棄情事，因之民眾恐受奸匪加害，均不敢接近國軍，以致東北一部分地區之收攬人心工作頗難收效。

附件

東北地區共匪駐地、兵力、指揮系統判斷表

極密

國民政府主席東北行轅第二處

中華民國三十六年十二月二十六日製

說明

一、本表列部隊番號、首長姓名係至本年十二月廿五日
　　止綜合判斷而調製者。

二、對前報之部隊番號有久未發現者（或改編），均未
　　列入。

三、匪地方武裝團體、民兵等均未列入。

一、東北民主聯軍系統略表

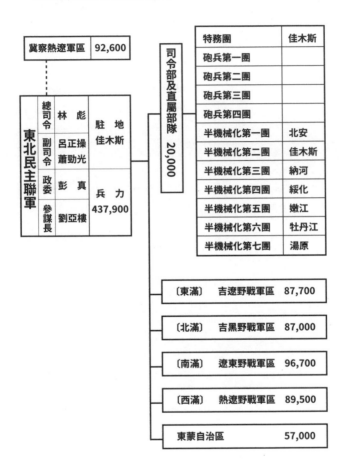

				特務團	佳木斯
				砲兵第一團	
				砲兵第二團	
				砲兵第三團	
				砲兵第四團	
				半機械化第一團	北安
				半機械化第二團	佳木斯
				半機械化第三團	納河
				半機械化第四團	綏化
				半機械化第五團	嫩江
				半機械化第六團	牡丹江
				半機械化第七團	湯原

冀察熱遼軍區　92,600

司令部及直屬部隊　20,000

總司令	林 彪	駐 地
副司令	呂正操 蕭勁光	佳木斯
政委	彭 真	兵 力
參謀長	劉亞樓	437,900

東北民主聯軍

〔東滿〕　吉遼野戰軍區　87,700

〔北滿〕　吉黑野戰軍區　87,000

〔南滿〕　遼東野戰軍區　96,700

〔西滿〕　熱遼野戰軍區　89,500

東蒙自治區　57,000

二、東北民主聯軍及冀察熱遼軍區兵力單位數目判斷表

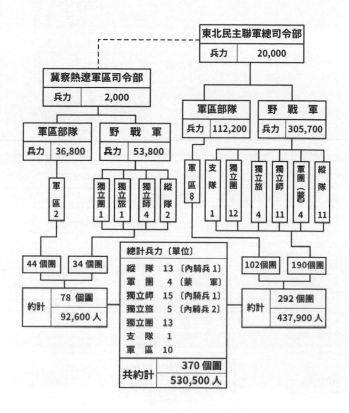

三、吉遼野戰軍區（東滿）系統詳表

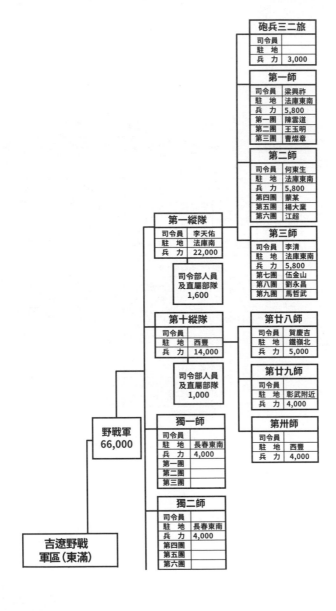

砲兵三二旅

司令員	
駐　地	
兵　力	3,000

第一師

司令員	梁興祚
駐　地	法庫東南
兵　力	5,800
第一團	陳雲道
第二團	王玉明
第三團	曹燦章

第二師

司令員	何東生
駐　地	法庫東南
兵　力	5,800
第四團	蒙某
第五團	楊大業
第六團	江超

第三師

司令員	李清
駐　地	法庫東南
兵　力	5,800
第七團	伍金山
第八團	劉永昌
第九團	馬哲武

第一縱隊

司令員	李天佑
駐　地	法庫南
兵　力	22,000

**司令部人員
及直屬部隊
1,600**

第廿八師

司令員	賀慶吉
駐　地	鐵嶺北
兵　力	5,000

第廿九師

司令員	
駐　地	彰武附近
兵　力	4,000

第卅師

司令員	
駐　地	西豐
兵　力	4,000

第十縱隊

司令員	
駐　地	西豐
兵　力	14,000

**司令部人員
及直屬部隊
1,000**

獨一師

司令員	
駐　地	長春東南
兵　力	4,000
第一團	
第二團	
第三團	

獨二師

司令員	
駐　地	長春東南
兵　力	4,000
第四團	
第五團	
第六團	

**野戰軍
66,000**

**吉遼野戰
軍區（東滿）**

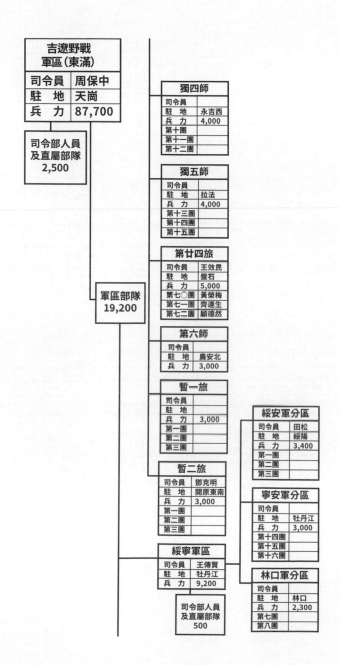

吉遼野戰
軍區(東滿)

司令員	周保中
駐　地	天崗
兵　力	87,700

司令部人員
及直屬部隊
2,500

軍區部隊
19,200

獨四師

司令員	
駐　地	永吉西
兵　力	4,000
第十團	
第十一團	
第十二團	

獨五師

司令員	
駐　地	拉法
兵　力	4,000
第十三團	
第十四團	
第十五團	

第廿四旅

司令員	王效民
駐　地	盤石
兵　力	5,000
第七○團	黃榮梅
第七一團	齊連生
第七二團	顧德然

第六師

司令員	
駐　地	農安北
兵　力	3,000

暫一旅

司令員	
駐　地	
兵　力	3,000
第一團	
第二團	
第三團	

暫二旅

司令員	鄧克明
駐　地	開原東南
兵　力	3,000
第一團	
第二團	
第三團	

綏寧軍區

司令員	王傳賢
駐　地	牡丹江
兵　力	9,200

司令部人員
及直屬部隊
500

綏安軍分區

司令員	田松
駐　地	綏陽
兵　力	3,400
第一團	
第二團	
第三團	

寧安軍分區

司令員	
駐　地	牡丹江
兵　力	3,000
第十四團	
第十五團	
第十六團	

林口軍分區

司令員	
駐　地	林口
兵　力	2,300
第七團	
第八團	

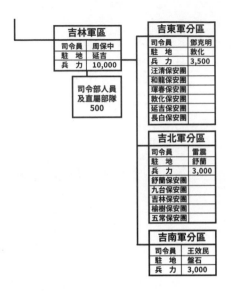

吉林軍區	
司令員	周保中
駐　地	延吉
兵　力	10,000

司令部人員
及直屬部隊
500

吉東軍分區	
司令員	鄧克明
駐　地	敦化
兵　力	3,500
汪清保安團	
和龍保安團	
琿春保安團	
敦化保安團	
延吉保安團	
長白保安團	

吉北軍分區	
司令員	雷震
駐　地	舒蘭
兵　力	3,000
舒蘭保安團	
九台保安團	
吉林保安團	
榆樹保安團	
五常保安團	

吉南軍分區	
司令員	王效民
駐　地	盤石
兵　力	3,000

四、吉黑野戰軍區（北滿）系統詳表

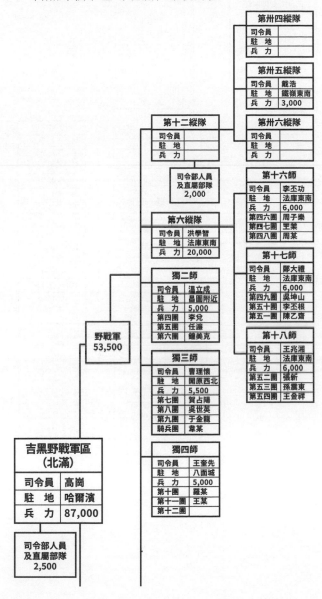

第卅四縱隊

司令員	
駐 地	
兵 力	

第卅五縱隊

司令員	戴浩
駐 地	鐵嶺東南
兵 力	3,000

第十二縱隊

司令員	
駐 地	
兵 力	

第卅六縱隊

司令員	
駐 地	
兵 力	

司令部人員
及直屬部隊
2,000

第十六師

司令員	李丕功
駐 地	法庫東南
兵 力	6,000
第四六團	周子樂
第四七團	覃業
第四八團	周某

第六縱隊

司令員	洪學智
駐 地	法庫東南
兵 力	20,000

第十七師

司令員	鄭大禮
駐 地	法庫東南
兵 力	6,000
第四九團	吳坤山
第五十團	李丕根
第五一團	陳乙齋

獨二師

司令員	溫立成
駐 地	昌圖附近
兵 力	5,000
第四團	李兌
第五團	任灘
第六團	鍾美克

第十八師

司令員	王兆湘
駐 地	法庫東南
兵 力	6,000
第五二團	張新
第五三團	孫震東
第五四團	王金祥

野戰軍
53,500

獨三師

司令員	曹理愼
駐 地	開原西北
兵 力	5,500
第七團	賀占陽
第八團	吳世英
第九團	于金龍
騎兵團	韋某

**吉黑野戰軍區
（北滿）**

司令員	高崗
駐 地	哈爾濱
兵 力	87,000

獨四師

司令員	王奎先
駐 地	八面城
兵 力	5,000
第十團	羅某
第十一團	王某
第十二團	

司令部人員
及直屬部隊
2,500

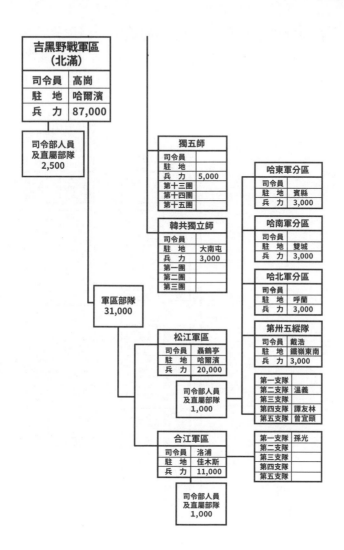

五、遼東野戰軍區（南滿）系統詳表

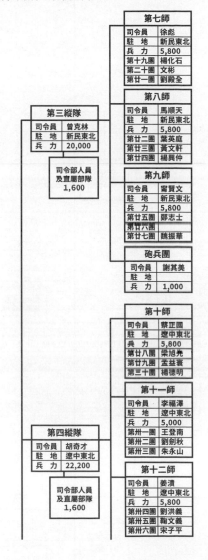

第三縱隊

司令員	曾克林
駐　地	新民東北
兵　力	20,000

司令部人員及直屬部隊
1,600

第七師

司令員	徐彪
駐　地	新民東北
兵　力	5,800
第十九團	楊化石
第二十團	文彬
第廿一團	劉殿全

第八師

司令員	馬順天
駐　地	新民東北
兵　力	5,800
第廿二團	葉英庭
第廿三團	黃文軒
第廿四團	楊興仲

第九師

司令員	甯賢文
駐　地	新民東北
兵　力	5,800
第廿五團	鄧志士
第廿六團	
第廿七團	魏振華

砲兵團

司令員	謝其美
駐　地	
兵　力	1,000

第四縱隊

司令員	胡奇才
駐　地	遼中東北
兵　力	22,200

司令部人員及直屬部隊
1,600

第十師

司令員	蔡正國
駐　地	遼中東北
兵　力	5,800
第廿八團	梁旭兗
第廿九團	孟益裹
第三十團	楊德明

第十一師

司令員	李福澤
駐　地	遼中東北
兵　力	5,000
第卅一團	王登南
第卅二團	劉劍秋
第卅三團	朱永山

第十二師

司令員	姜漬
駐　地	遼中東北
兵　力	5,800
第卅四團	劉洪義
第卅五團	鞠文義
第卅六團	宋子平

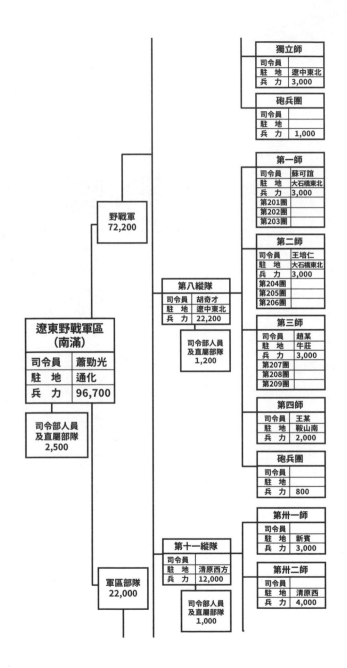

獨立師	
司令員	
駐　地	遼中東北
兵　力	3,000

砲兵團	
司令員	
駐　地	
兵　力	1,000

第一師	
司令員	蘇可誼
駐　地	大石橋東北
兵　力	3,000
第201團	
第202團	
第203團	

第二師	
司令員	王培仁
駐　地	大石橋東北
兵　力	3,000
第204團	
第205團	
第206團	

第三師	
司令員	趙某
駐　地	牛莊
兵　力	3,000
第207團	
第208團	
第209團	

第四師	
司令員	王某
駐　地	鞍山南
兵　力	2,000

砲兵團	
司令員	
駐　地	
兵　力	800

第卅一師	
司令員	
駐　地	新賓
兵　力	3,000

第卅二師	
司令員	
駐　地	清原西
兵　力	4,000

野戰軍 72,200

第八縱隊	
司令員	胡奇才
駐　地	遼中東北
兵　力	22,200

司令部人員及直屬部隊 1,200

遼東野戰軍區（南滿）

司令員	蕭勁光
駐　地	通化
兵　力	96,700

司令部人員及直屬部隊 2,500

第十一縱隊	
司令員	
駐　地	清原西方
兵　力	12,000

司令部人員及直屬部隊 1,000

軍區部隊 22,000

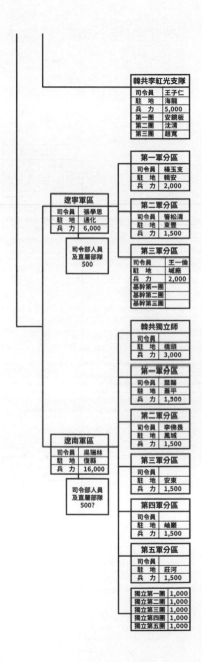

六、熱遼野戰軍區（西滿）系統詳表

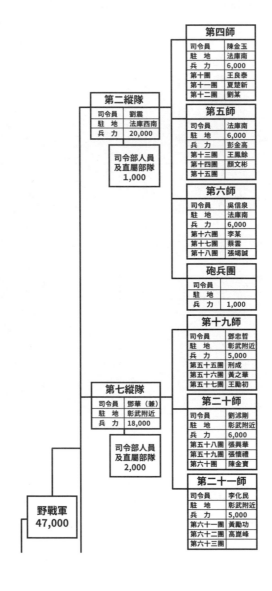

第四師

司令員	陳金玉
駐地	法庫南
兵力	6,000
第十團	王良泰
第十一團	夏楚新
第十二團	劉某

第二縱隊

司令員	劉震
駐地	法庫西南
兵力	20,000

司令部人員
及直屬部隊
1,000

第五師

司令員	法庫南
駐地	6,000
兵力	彭金高
第十三團	王鳳餘
第十四團	顏文彬
第十五團	

第六師

司令員	吳信泉
駐地	法庫南
兵力	6,000
第十六團	李某
第十七團	蔡雲
第十八團	張竭誠

砲兵團

司令員	
駐地	
兵力	1,000

第十九師

司令員	鄧忠哲
駐地	彰武附近
兵力	5,000
第五十五團	刑成
第五十六團	黃之華
第五十七團	王勵初

第七縱隊

司令員	鄧華（兼）
駐地	彰武附近
兵力	18,000

司令部人員
及直屬部隊
2,000

第二十師

司令員	劉沚剛
駐地	彰武附近
兵力	6,000
第五十八團	張興華
第五十九團	張懷禮
第六十團	陳金寶

**野戰軍
47,000**

第二十一師

司令員	李化民
駐地	彰武附近
兵力	5,000
第六十一團	黃勵功
第六十二團	高崑峰
第六十三團	

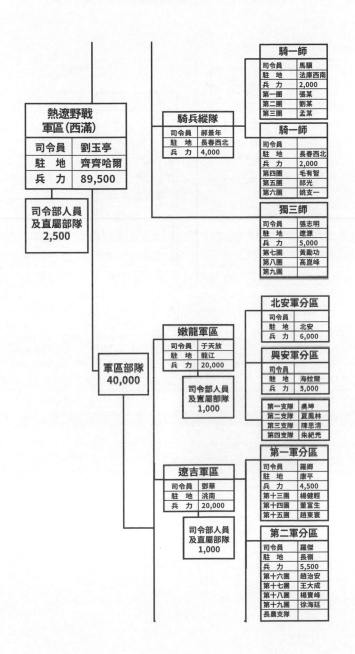

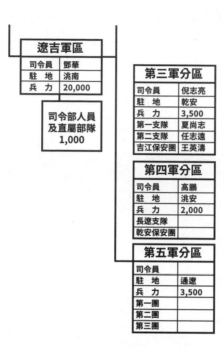

遼吉軍區	
司令員	鄧華
駐　地	洮南
兵　力	20,000

司令部人員及直屬部隊
1,000

第三軍分區	
司令員	倪志亮
駐　地	乾安
兵　力	3,500
第一支隊	夏尚志
第二支隊	任志遠
吉江保安團	王英濤

第四軍分區	
司令員	高鵬
駐　地	洮安
兵　力	2,000
長遼支隊	
乾安保安團	

第五軍分區	
司令員	
駐　地	通遼
兵　力	3,500
第一團	
第二團	
第三團	

七、冀察熱遼軍區系統詳表

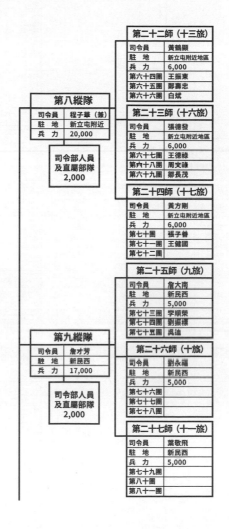

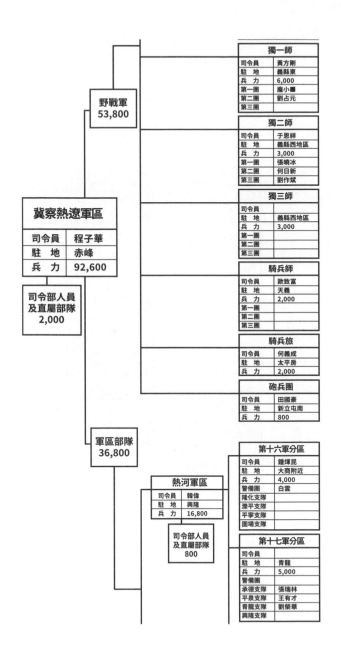

熱遼軍區

司令員	黃永勝
駐地	新惠
兵力	20,000

司令部人員
及直屬部隊
800

第十八軍分區

司令員	丁盛
駐地	建昌
兵力	7,000
獨一團	孔瑞■
獨二團	
獨三團	
錦西支隊	楊華
朝陽支隊	趙子卿
興城支隊	王振華
綏中支隊	郭子珍
凌源支隊	楊邦幹
建昌支隊	王世賢
錦義聯合支隊	楊清起

第十九軍分區

司令員	歐致富
駐地	赤峰西南公爺廟
兵力	3,200
警備團	張日強
寧城支隊	姜朝文
拉沁支隊	李超
蒙旗支隊	

警備團	
林西支隊	楚振傑
回民支隊	楊榮九
林東支隊	馬亭
繩棚支隊	

蒙漢聯軍

司令員	和子章
駐地	林東
兵力	2,000
第一團	
第二團	
第三團	

第二十軍分區

司令員	于楚傑
駐地	林東
兵力	7,000

第二十一軍分區

司令員	歐陽嘉祥
駐地	下漥
兵力	6,000
獨立團	趙福林
健甲支隊	夏九峰
新惠直隊	于振江
朝北支隊	李鳴山
阜新支隊	梁舟
蒙旗直隊	烏蘭
義阜支隊	王某

第二十二軍分區

司令員	黃永勝（兼）
駐地	烏丹
兵力	3,000
獨立團	劉仁緒
赤東支隊	吳維錦
赤西支隊	
赤北支隊	
烏丹支隊	

八、東蒙自治軍系統詳表

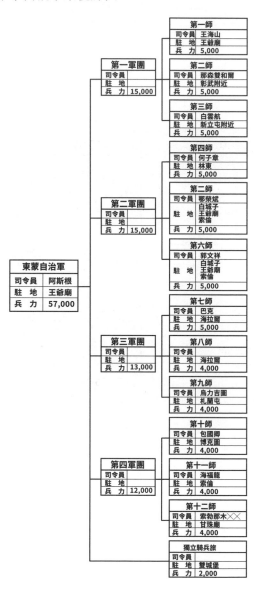

民國史料 55

內戰在東北：
熊式輝、陳誠與東北行轅
（二）

Civil War in Manchuria: Hsiung Shih-hui, Chen Cheng,
and the Northeast Field Headquarter
- Section II

編　　者	民國歷史文化學社編輯部
總 編 輯	陳新林、呂芳上
執行編輯	林弘毅
封面設計	溫心忻
排　　版	溫心忻、施宜伶

出　　版　　開源書局出版有限公司

香港金鐘夏慤道 18 號海富中心
1 座 26 樓 06 室
TEL；+852-35860995

民國歷史文化學社 有限公司

10646 台北市大安區羅斯福路三段
37 號 7 樓之 1
TEL：+886-2-2369-6912
FAX：+886-2-2369-6990

http://www.rchcs.com.tw

初版一刷	2021 年 7 月 31 日
定　　價	新台幣 350 元
	港　幣　95 元
	美　元　13 元
I S B N	978-986-5578-44-2
印　　刷	長達印刷有限公司

台北市西園路二段 50 巷 4 弄 21 號
TEL：+886-2-2304-0488

國家圖書館出版品預行編目 (CIP) 資料

內戰在東北：熊式輝、陳誠與東北行轅 = Civil
war in Manchuria : Hsiung Shih-hui,Chen
Cheng,and the Northeast Field Headquarter/
民國歷史文化學社編輯部編 . -- 初版 . -- 臺北市 :
民國歷史文化學社有限公司 , 2021.07-

　冊；　公分 . -- (民國史料 ; 54-58)

ISBN 978-986-5578-43-5 (第 1 冊 : 平裝). --
ISBN 978-986-5578-44-2 (第 2 冊 : 平裝). --
ISBN 978-986-5578-45-9 (第 3 冊 : 平裝). --
ISBN 978-986-5578-46-6 (第 4 冊 : 平裝). --
ISBN 978-986-5578-47-3 (第 5 冊 : 平裝)

1. 國共內戰　2. 民國史

628.62　　　　　　　　　　110010760